Wintermantel / Soziale Genese von Sprechstilen

PSYCHOLOGIA UNIVERSALIS BAND 28

Herausgegeben von
Eberhard Bay, Willy Hellpach†, Wolfgang Metzger
und Wilhelm Witte

Soziale Genese von Sprechstilen

Diktionsdistanz

Margret Wintermantel

1973

Verlag Anton Hain · Meisenheim am Glan

Herstellung: Verlag Anton Hain KG - Meisenheim am Glan
Printed in Germany
ISBN 3-445-01091-9

Vorwort

Diese Arbeit entstand unter der Leitung von Herrn Prof. Dr. A. W e l l e k; ihm gilt mein besonderer Dank für seine verständnisvolle Unterstützung und Förderung.

Herrn Dr. J.A. S i d d i q i danke ich für die Gespräche, in denen er mir wertvolle Anregungen gab.

Inhaltsverzeichnis

Einführung

Kennzeichnend für die Geschichte der experimentellen Gedächtnispsychologie ist eine Verschiebung des Forschungsschwerpunktes von der mehr formalen Beschreibung der Lern- und Behaltensmechanismen zugunsten der Klärung inhaltlicher Fragestellungen, wobei der Bereich des verbalen Behaltens in den Vordergrund rückte. Zu dem verstärkten Interesse an der Sprache in diesem Zusammenhang führten vor allem die zunehmende Einsicht in deren enge Beziehung mit der Kognition aber auch die Übertragung lerntheoretischer Prinzipien und Modelle auf das Sprachverhalten und die kritischen Beiträge und Anregungen dazu von linguistischer Seite. Es erschien möglich, ein Modell des Behaltens sprachlicher Inhalte zu finden, das der prozessualen Betrachtensweise (dem Sprechen und Verstehen) wie der strukturellen (der Sprache) gleichermaßen gerecht wurde.

Verbales Gedächtnis wird als die Gesamtheit des sprachlichen Wissens verstanden und schließt lexikalisches Wissen (semantische Regeln) als die eine Seite der Kompetenz ebenso wie die Kenntnis syntaktischer Regeln und Beziehungen als ihre andere Seite ein. Es bildet die Grundlage für das Verstehen und Wiedergeben sprachlicher Inhalte, die Voraussetzung für die Konstruktion sinnvoller und logisch richtiger Aussagen und für die Entwicklung einer je eigenen Diktion. Gerade der Aspekt der Eigentümlichkeit gesprochener und geschriebener Sätze, die Stellung verbaler Lern- und Behaltensprozesse in der Lebensgeschichte eines Individuums und ihre Abhängigkeit von Variablen der Lernumwelt wird aber in keiner der bisher wenig konsistenten Theorien erschöpfend geklärt. Mehrfach finden sich zwar Hinweise auf die Bedeutung individueller Unterschiede der Sprachformen oder Sprechstile; in den Versuchsplänen treten sie jedoch meist nur als Störfaktoren auf und werden zugunsten allgemeinerer Aussagen vernachlässigt. Ausnahmen machen jene

Arbeiten, die sich mit kognitiven Stildimensionen im Zusammenhang mit der Erinnerung beschäftigen.

Die vorliegende Arbeit schlägt ein Maß vor, das, basierend auf der Methode der freien Wiedergabe, die Einbeziehung individueller Sprachgewohnheiten in die Analyse sprachlicher Gedächtnisleistungen erlaubt. Der Akzent liegt auf der Bedeutung der Diktionen für verbales Lernen und Behalten. Diktion kann vorläufig als die eigentümliche Art der Formulierung eines Sprechers definiert werden, die sich in der Wahl der Wörter und deren syntaktischer Zusammensetzung darstellt. Auf dem Niveau der Gruppe oder Gemeinschaft ist Diktion mit Code gleichzusetzen. Als Diktionsdistanzen sind die Differenzen zwischen je zwei Diktionen zu verstehen. Das Konzept Diktionsdistanz soll an ausgewählten Sprachproben erprobt, im Zusammenhang mit den Variablen Entwicklungsstand, Geschlecht und Schichtzugehörigkeit untersucht und auf seine psychologische Relevanz hin überprüft werden, wobei den sozialen Beziehungen besondere Beachtung gelten muß.

Die Distanz zwischen den Diktionen zweier oder mehrerer Partner fand als Gegenstand wissenschaftlichen Fragens bisher kaum Beachtung, wenngleich sie als bedeutsame Einflußgröße in die sprachlichen Kommunikationsprozesse einzugehen scheint. Die Soziolinguistik behandelt das Problem, allerdings auf gruppenspezifische beziehungsweise schichtenspezifische Sprachunterschiede und deren Konsequenzen für das kognitive Verhalten beschränkt. Als Unterscheidungskriterien für den Sprachgebrauch mehr oder weniger genau umschriebener sozialer Gruppen dienen hier allgemeine Gesichtspunkte, deren deskriptiver Wert sicher unbestritten ist, die aber Voraussagen über den aktuellen Sprachgebrauch nur sehr begrenzt zulassen.

Damit ein hinreichend differenziertes Bild des Problems entsteht, sind zunächst die für unsere Fragestellung wichtigen Komponenten einiger Theoriengruppen und die wichtigsten Forschungsergebnisse in diesem Bereich kritisch zu betrachten. Wegen der für die psychologische Theorienbildung bedeutsamen Implikationen wird eine Diskussion der linguistischen Beiträge eingeschoben. Schließlich soll ein mehr differentialpsychologisch angesetztes Experiment einige Annahmen und Hypothesen überprüfen, die sich an das Konzept Diktionsdistanz knüpfen. Ziel der Untersuchung ist es, zur theoretischen Einordnung der Diktionsdistanzen und der ihnen zugrundeliegenden Bedingungen sowie zu einigen neuen Ausblicken auf die komplizierteren Gedächtnisvorgänge zu gelangen.

1. DIE INTEGRATION UND REKONSTRUKTION VERBALER INHALTE

1.1 Theoretische Ansätze

Die Frage nach den individuellen Sprechstilen führt unmittelbar zur Problematik der Organisation von Behaltensinhalten. Denn unabhängig von anderen Divergenzen herrscht in den verschiedenen Richtungen der Lern- und Gedächtnispsychologie darüber Einigkeit, daß Wahrnehmungsinhalte nicht als Abbilder der Wirklichkeit in einem psychischen Speicher im Sinne der Augustinischen Memoria verschwinden und auf Abruf in der Erinnerung wieder als Wahrnehmungen bewußt werden können (vgl. RAPAPORT, 1942, 1951; WELLEK, 1955; MANDLER, 1966, 1968; usw.). Hingegen wird angenommen, daß Erfahrungen oder Repräsentationen wahrgenommener Inhalte nach bestimmten Auswahlprozessen in das kognitive System der Person integriert werden, welches wiederum nicht statisch diese Inhalte ein- und anlagert, sondern selbst durch Erfahrungen dauernd im Wandel begriffen ist (vgl. BARTLETT, 1932; NEISSER, 1967) und mit anderen Gliedstrukturen der Persönlichkeit in dynamischem Zusammenhang steht (vgl. WELLEK, 1941). Erst in den beiden letzten Jahrzehnten ist es jedoch, nicht zuletzt unter dem Einfluß der Hypothesentheorie der Wahrnehmung (BRUNER u. POSTMAN, 1949) zur systematischen Erforschung der Ordnungsfunktionen und der in den Erinnerungsprozessen wirksam werdenden selektiven Kräfte des Gedächtnisses gekommen.

Das Primat der Bedeutung wird von den meisten Autoren anerkannt; das heißt nicht sinnlose Laute, sondern sinnvolle Ganze[1] bilden die eigentlichen Gedächtniseinheiten (vgl. R. BROWN, 1956, 1958; MANDLER, 1968; DEESE, 1961, 1965).

---

1) Dieser Gedanke findet sich schon bei MEUMANN (1913), der Gedächtniseinheiten nur als Teile einheitlicher Ganzer, Lernen nicht als eine Sache der Elementenzahl, sondern der Anzahl unabhängiger Sinneinheiten verstand.

Was die Erklärungen der Organisation sowie der Rekonstruktion verbaler Behaltensinhalte betrifft, so lassen sich im wesentlichen zwei Theoriengruppen unterscheiden: a) die wahrnehmungs- und erlebnisbezogenen Ansätze und b) die verhaltensbezogenen Ansätze.

a) Die zentralen Gedanken der ersteren Theoriengruppe finden sich im Ansatz schon bei KANT, vor allem in der Lehre von den synthetischen Urteilen. Erkennen vollzieht sich in einem aktiven Prozeβ auf der Grundlage kategorialer Denkformen in Zeit und Raum als den gegebenen Anschauungsformen[1]. Der Begriff des Schemas zur Bezeichnung der Verbindung zwischen kategorialer Form und anschaulichen Inhalten hat hier seinen Ursprung: "nun ist klar, daβ es ein Drittes geben müsse, was einerseits mit der Kategorie, andererseits mit der Erscheinung in Gleichartigkeit stehen muβ und die Anwendung der ersteren auf die letzte möglich macht. Diese vermittelnde Vorstellung muβ rein (ohne alles Empirische) und doch einerseits intellektuell, andererseits sinnlich sein. Eine solche ist das transzendentale Schema" (1968, S. 187 ff). In den modernen "kognitiven" Theorien kommt dem Schema-Begriff besondere Bedeutung zu; kognitive Schemata im umfassenden Sinn lassen sich als die im Individuum vorhandenen Ordnungsstrukturen der Umwelterfassung begreifen. CHURCH (1961) weist auf ihre Vermittlerposition hin: "Auf der Seite der Umgebung werden wir der Regelhaftigkeit gewahr, die in den Ereignissen und Dingen stecken, so daβ wir die Umgebung als zusammenhängend und geordnet wahrnehmen. Auf der Seite des Organismus existieren Schemata in unseren Mobilisationen zum Handeln und Reagieren." (S. 37 f).

----

[1] Ob die Verstandesbegriffe bereits auf dem Niveau solcher Leistungen, die man in recenter Terminologie als "Wahrnehmungen" umschreiben würde, konstitutive Bedeutung besitzen, das gehört zu den kontroversesten Problemen der Kant-Interpretation.

Die Frage nach Herausbildung, Funktion und Beschaffenheit kognitiver Schemata hat die psychologische Theorienbildung immer wieder beschäftigt (vgl. PIAGET, 1946, usw.; TOLMAN, 1959; GOSS, 1961; usw.).

Schemata haben einerseits kategorisierende und andererseits reaktionsbestimmende Funktionen. Ihren selektiven Charakter betont vor allem BARTLETT (1932), dem das Verdienst zukommt, die Bedeutung der Schemata - er versteht sie als die von Interessen bestimmten Einstellungssets (active organized setting) - für das Gedächtnis erkannt zu haben, und der sie darüber hinaus empirisch nachzuweisen versuchte. In der Wiedergabe eines Textes mit mythologischem Inhalt ("The War of the Ghosts"), der über zum Teil große Zeiträume behalten wurde, beobachtete er inhaltliche Veränderungen, die sich als Tendenzen zur Rationalisierung und Konventionalisierung interpretieren ließen. Nach BARTLETT sollen sich Wahrnehmungen, gefiltert durch Interessen, Einstellungen und Erwartungen in die persönlichen Schemata einfügen. Wahrnehmung und Gedächtnis stehen danach in einem funktionalen, lückenlosen Zusammenhang, wobei die "sets" eine Art "vorgeschalteten Selektionsmechanismus" bilden.
Diese sets, zunächst nach Sinnesgebieten getrennt, gliedern sich erst im Laufe der Entwicklung auch unter dem Einfluß sozialer Interaktionen nach Interessenbereichen auf und werden selbst durch die sich ändernden Einstellungen gebildet, erweitert und differenziert. (Zur gesellschaftlichen Bezogenheit der Gedächtnisinhalte vgl. HALBWACHS, 1925, der eine soziologische Theorie des Gedächtnisses vorlegte).
Die aus dem physiologischen, materialen Aspekt des BARTLETTschen Schema-Begriffs erwachsenden Schwierigkeiten werden bei OLDFIELD u. ZANGWILL (1941, 1942) erörtert.

Die Feststellung, daß nur in Ausnahmefällen ein Gedächtnisinhalt korrekt wiedergegeben wird, bildet für BARTLETT den

Ausgangspunkt seiner Rekonstruktionsannahme, die sich auf hauptsächlich zwei Beobachtungen stützt:

1. die Reduktion des Materials auf eine fertige und zufriedenstellende Form (Assimilation),
2. die Pointierung bestimmter Sachverhalte und die Nivellierung anderer.

Der Erinnerungsprozeß wird als eine Vorstellungskonstruktion oder Rekonstruktion verstanden, die die Beziehungen eingeprägter Einheiten zu den vorhandenen Schemata widerspiegelt.

Die Verfizierung der für die damalige Gedächtnistheorie revolutionären Schemata-Hypothese, wie sie BARTLETT formuliert hat, steht bis heute aus, obgleich einige Autoren den Versuch dazu unternahmen (vgl. KORNADT, 1958; MANDLER, 1962). MANDLER glaubt, die Existenz der Schemata, die er structures nennt, auch unter Hinweis auf die von HARLOW (1949) gefundenen "learning sets" experimentell nachweisen zu können, mit der anspruchsvollen Behauptung, hier den eigentlichen Übergang zwischen assoziativen und kognitiven Vorgängen aufzudecken.

Die Nichtisolierbarkeit des Gedächtnisses vom personalen Zusammenhang betont WELLEK, der 1941 in der Auseinandersetzung mit VOLKELT eine Potenztheorie des Gedächtnisses im Rahmen seiner Strukturtheorie entwickelte. Die psychischen Repräsentationen gehabter Inhalte sind hier als Bereitschaften zu begreifen, als Potenzen, die zu den Leistungs- und Tunsbereitschaften gehören. "Die Inhalte gibt es m.E. nicht länger als sie erlebt (aktuell gehabt) werden: überdauernd (oder relativ überdauernd) gibt es nur die Potenzen zu ihnen zu gelangen" (1941, S. 98 f). Ähnlich faßte SCHOPENHAUER Gedächtnis als eine Fähigkeit, das heißt Übungsfähigkeit der Geisteskräfte. Aufgrund der Unvereinbarkeit mit der seit KANT getroffenen Unterscheidung von Phänomen und transphänomenaler Bedingung, aber auch des Widerspruchs gegen die Nichtauflösbarkeit des Verhältnisses von Struktur und Erleben, lehnt WELLEK eine Reservoirtheorie des Gedächtnisses ab und kommt ähnlich wie BARTLETT zu einer Rekonstruktionsannahme, verschiebt aber den Akzent auf die affektive Seite des Behaltens. Denn die gefühlsmäßige Einbettung aller Erlebnisse trifft auch für den Gedächtnisprozeß zu: "Wenn ich es mir nach längerem "zurückruf", so wird das Reproduzierte auch dann komplexhafte, anmutungsqualitative, gefühlsartige und personal bedeutsame Färbungen tragen, wenn es mir gelingt, den Originalzustand recht getreulich zu wiederholen" (1955, S. 140).

Den Tendenzen zur Rationalisierung und Konventionalisierung ist demnach die Tendenz zur Emotionalisierung beizufügen. Auch RAPAPORT (1951) schreibt den Emotionen eine Schlüsselstellung zu, wobei er Emotionen aber sehr viel weiter faßt als die an der Gesamtdynamik des Gedächtnisses beteiligten selektiven Kräfte, denen auch Erwartungen und Einstellungen angehören. OLERON (1965) analysiert die Einstellung im Denken beziehungsweise in den intellektuellen Aktivitäten und kommt zu fünf Merkmalen, die ihre zentrale Bedeutung für das Gedächtnis besonders klar machen: 1. die Selektivität, 2. die Labilität, 3. die Spezifität, 4. die integrative Funktion und 5. der dynamische und energetische Aspekt.

NEISSER (1967) formuliert aufgrund angenommener Ähnlichkeiten zwischen bestimmten Phasen der Wahrnehmungsprozesse einerseits und kognitiver Vorgänge andererseits eine Theorie des Gedächtnisses, die sich auf die prozessuale Betrachtung eines Erinnerungsaktes konzentriert.

Die Funktion der präattentiven Phase in der optischen und akustischen Wahrnehmung erfüllt auf der Ebene des gerichteten Denkens und Erinnerns der Primärprozeß insofern, als er nur unscharf geformte Gedanken oder Ideen auf der Grundlage gespeicherter Informationen, die als Spuren vergangener, konstruktiver geistiger Akte zu begreifen sind, hervorbringt und in den Sekundärprozeß eingibt. Das Material des Sekundärprozesses, der zum Beispiel beim Sehen der Phase der Aufmerksamkeit entspricht, bilden neben den gespeicherten Informationen die vorhergegangene Organisation des Primärprozesses und die mehr oder weniger andauernden Erwartungen und Einstellungen.

Leider wird das postulierte System, das die ausführende Kontrolle über die angenommenen Vorgänge übernimmt, vom Autor theoretisch vernachlässigt. Hingegen läßt sich das Auftreten von Veränderungen in der Rekonstruktionsphase von NEISSER her recht gut einordnen und erklären. Fehler in der Wiedergabe müssen dann nämlich wie fehlerhafte Wahrnehmungen beim Sehen zum Teil auf fehlgeleitete Suchstrategien als Folgen anders gerichteter Erwartungen - zum Beispiel bei mangelhaftem Aufgabenverständnis - oder auf das Fehlen der notwendigen konstruktiven Fähigkeiten überhaupt zurückzuführen sein.

Wenn auch zu ihrer Unterstützung keine hinreichenden experimentellen Befunde vorliegen, so erweisen sich die dargestellten Ansätze als theoretische Bezugspunkte für die Klärung der Frage nach der Individualität verbalen Behaltens besonders bedeutsam. Behalten ist Integration ausgewählter Inhalte in ein bestehendes, dynamisches System. Aussagen über die Beziehungen zwischen den sprachlichen Einheiten können von der Untersuchung der Rekonstruktion her gewonnen werden. Ein möglicher Weg zur subjektiven Organisation ist die Analyse der Fehler in der freien Wiedergabe.

b) Die von den allgemeinen Lerntheorien abgeleiteten Erklärungen verbalen Lernens beginnen mit den Modellen des einfachen Assoziationslernens und umfassen die darauf aufbauenden komplexeren Mediationsmodelle mit ihrem ständig wachsenden begrifflichen Apparat.

Die frühen einstufigen S-R-Modelle erklärten Lernen in Begriffen der Assoziationen zwischen Reizen und Reaktionen im Sinne des Pawlowschen klassichen oder des operanten Konditionierens nach SKINNER (1957), die späteren zweistufigen und dreistufigen Modelle inkorporieren nicht beobachtbare, vermittelnde Reiz-Reaktionsverbindungen sowie r-r- und s-s-Assoziationen (OSGOOD, 1963, 1968). Die theoretische Präzisierung der schon von EBBINGHAUS (1885) gefundenen mittelbaren Assoziationen dehnte den Erklärungsbereich des S-R-Modells auf die Bedeutungsproblematik beziehungsweise auf symbolisches Verhalten überhaupt aus und erlaubte die Interpretation komplexer Phänomene wie zum Beispiel der semantischen Generalisierung und Sättigung in S-R-Begriffen. Die Mediationstheorien, sei es repräsentativer (OSGOOD, 1961) oder nicht-repräsentativer (BOUSFIELD, 1961) Art, fassen verbales Lernen als aus zwei unterschiedlichen Vorgängen zusammengesetzt auf: einem Entschlüsselungsprozeß, in dem die vermittelten Assoziationen Reaktionsmerkmale tragen und einem Verschlüsselungsvorgang, in dem sie den Reiz konstituieren.

Dieses Modell kann die Koordination sinnhaften Verhaltens noch nicht befriedigend erklären, da mit der angenommenen Geltung der Gewohnheitsbildungsprinzipien (Kontiguität, Frequenz und Verstärkung) auf beiden Stufen der mechanistische Charakter der klassischen Assoziationsbildung erhalten bleibt. Perzeptive und kognitive Organisationen sind ohne zusätzliche Annahmen nicht interpretierbar.

Besondere Bedeutung gewinnen die Faktoren Häufigkeit und Intensität in Bezug auf die Bildung verbaler Assoziationshierarchie in den reinen Assoziationstheorien bei NOBLE (1952), UNDERWOOD u. SCHULZ (1960), HOWES (1957) usw.

1963 erweiterte OSGOOD sein repräsentatives Mediationsmodell um einen kortikalen Integrationsmechanismus, der in den Dekodierungs- und Kodierungsprozessen offenkundig sei, und der die Annahme sinnvoller Ordnungsprozesse anstelle der "automatisch" ablaufenden Reiz-Reaktionssequenzen impliziert. Äußere Reize treffen auf die Rezeptoren, die wiederum die entsprechenden kortikalen Projektionssysteme aktivieren. Die Integration geschieht nach den Prinzipien der Häufigkeit, Redundanz und der zeitlichen Nähe: je häufiger sensorische Signale gemeinsam aktiv werden, umso eher werden ihre integrativen Korrelate sich gegenseitig aktivieren. Ein übergeordneter "Spiegel" übernimmt die Koordination von sensorischem Input und motorischen Reaktionen. Diese Integrationsstufe hat evokative und prädiktive Funktionen: erscheinen zwei Ereignisse häufig gemeinsam auf der sensorirschen oder motorischen Seite, so können die integrativen Korrelate des einen das Auftreten des anderen hervorrufen, oder, bei nur geringer Frequenz, seine Auftretenswahrscheinlichkeit erhöhen.

Die ersten Wörter eines bekannten Satzes zum Beispiel sind prädiktiv für das, was folgen wird, weil seine Konstituenten mehr oder weniger häufig gemeinsam erfahren wurden. Durch die Integration von Reiz- und Reaktionsmustern wird die auf Erfahrung basierende Stabilität (oder Konstanz) der Entschlüsselungs- und Verschlüsselungsgewohnheiten erklärt, eine Syntax der Wahrnehmungen und des Verhaltens angenommen.

Wir können unterstellen, daß OSGOODs Integrationsprinzip eine Gedächtnisannahme beinhaltet, insofern, als es die Aspekte "Änderung der Verhaltenstendenzen durch Erfahrung" und "Verhaltenskoordination" betrifft.

DEESE (1962, 1965) kommt ähnlich wie OSGOOD zu dem Schluß, daß interverbale Assoziationen nicht die gesamte verbale Struktur ausmachen, wenngleich er dessen Annahmen über die semantischen Dimensionen nicht teilt. Er begreift Assoziationen nur als Anzeichen für zugrundeliegende Relationsmuster. Wie DEESE, so stimmen auch MARSHAL u. COFER (1963) und GARSKOF u. HOUSTON (1963) darin überein, daß die Ähnlichkeit zweier Wörter durch das Verhältnis gemeinsamer Assoziationen bestimmbar sei. Mit Hilfe der Konstruktion einer Ähnlichkeits-Matrix der Assoziationen für eine Gruppe von Begriffen werden Vorhersagen für die freie Wiedergabe prinzipiell möglich. Für DEESE, der die Terminologie der S-R-Theorien mehr aus didaktischen Gründen verwendet, als daß er sie im Sinne einer strengen theoretischen Verpflichtung auffaßt (vgl. DEESE, 1968), ist das Phänomen der nahezu in jeder freien Wiedergabe auftretenden Zufügungen, das heißt Intrusionen, besonders bedeutsam. Intrusionen entstammen dem eigenen Vokabular und treten als Fehler in der Reproduktion auf. Sie stehen gewöhnlich mit Wörtern des Reizmaterials in assoziativer Verbindung (vgl. DEESE, 1959, 1962; ROTHKOPF u. COKE, 1961). Die Rekonstruktionsannahme kehrt bei DEESE wieder, der die Grundlage für die freie Wiedergabe in wenigen tatsächlich eingeprägten Ankerpunkten sieht - vermutlich Inhaltswörtern im Sinne R. BROWNs -, die mit eigenen Wörtern ergänzt die endgültige Reproduktion ausmachen.

Die Zahl einprägbarer Einheiten ist unter verschiedenen experimentellen Bedingungen relativ konstant (vgl. MILLER, 1956a, 1956b). Kommt es in der Wiedergabe eines umfangreichen Textes zu Intrusionen, so handelt es sich entweder um Assoziationen zu irgendeinem der als Ankerpunkte eingeprägten Wörter oder um Konstruktionen auf der Basis des sprachlichen Wissens der Vp. Im Falle hoher assoziativer Ähnlichkeit zwischen den Konstituenten eines sinnvollen Textes müßte der Rateprozeß kaum Intrusionen hervorbringen, andernfalls sind solche Fehler gehäuft zu erwarten. Die Auftretenswahrscheinlichkeit einer Intrusion kann somit als Funktion der Assoziationsstärke des damit assoziierten Originalwortes verstanden werden, wobei der Kontext eine untergeordnete Rolle spielt.

Wir untersuchten Intrusionen in der freien Wiedergabe von Gedichten und stellten fest, daß ihre Häufigkeit unabhängig von der Anzahl reproduzierter Wörter, aber auch unabhängig von der Bedeutung eines Gedichtes (nach NOBLE, 1952) als einer semantischen Einheit variierte. Daß neben textfremden Inhaltswörtern auch Funktionswörter als Intrusionen vorkamen, bestätigte DEESEs These und legt die Trennung von semantischen und syntaktischen Intrusionen nahe, die möglicherweise in unterschiedlicher Zusammensetzung den genannten Tendenzen der Behaltensänderung zugrundeliegen.

Werden in den skizzierten Forschungsansätzen verbale Strukturen und Organisationen als intervenierende Variablen betrachtet, die zur Verhaltenskoordination beitragen, so ist im folgenden ein methodischer Zugang darzustellen, der Organisation als "response"-Variable begreift.

1.2 Ordnungsphänomene in der freien Wiedergabe

Organisation als Response-Variable betrifft die von der sequentiellen Anordnung des Reizmaterials unabhängige Gruppierung verbaler Inhalte in der Wiedergabe (vgl. TULVING, 1968). Die in großer Zahl vorliegenden empirischen Untersuchungen zum Problem der Organisation behandeln den Einfluß verschiedener Variablen des Materials und der Darbietung auf das Auftreten von "Klumpen" (cluster) und subjektiven Gruppierungen der Wörter einer Liste bei der Wiedergabe (z.B. KATONA, 1940; BOUSFIELD, 1953; BOUSFIELD u.a., 1958; COHEN u.a., 1956; COHEN, 1963; EARHARD u. ENDICOTT, 1969;

MANDLER, 1967; COFER u.a., 1966; TULVING, 1962, 1964, 1968). BOUSFIELD u. Mitarb. (1956) haben gezeigt, daß die Interessen schon auf der Ebene einfacher Wortlisten die Gruppierung in der Wiedergabe mitbestimmen. Eine Unterscheidung zwischen primärer Organisation, die unabhängig vom Bekanntheitsgrad der Inhalte auftritt und sekundärer Organisation, die von dem Bekanntheitsgrad des Reizmaterials bestimmt ist, schlägt TULVING (1968) vor. Ein Beispiel für primäre Organisation ist der serielle Positionseffekt (vgl. MURDOCK, 1962), für sekundäre Organisation die Gruppierung der Wörter nach ihrer Bedeutung.
Die letztere Gruppierungsart kann kategorial ("category clustering", vgl. BOUSFIELD u. SEDGEWICK, 1944) oder assoziativ ("associative clustering") sein. Daß sowohl die kategoriale als auch die assoziative Hypothese für die Wiedergabe von Wortlisten gültig sind, hat MARSHAL (in COFER, 1965) gezeigt. Neuere Ergebnisse deuten ebenfalls darauf hin, daß einfache Assoziationen nicht allein für das Phänomen der Gruppierung in der freien Wiedergabe verantwortlich sind (POLLIO, 1968).

Es könnte sein, daß beide Gruppierungsarten letztlich identisch sind, sich aber experimentell nur darin unterscheiden, daß die eigentlichen Relationen in der kategorialen Gruppierung bekannt, in der assoziativen Gruppierung noch nicht erschließbar sind (vgl. MANDLER, 1968).

In seiner These, die sich gegen die Behauptung wendet, daß Gruppierungen nur aufgrund irgendwann gestifteter Assoziationen der Nähe zustandekommen, geht BOUSFIELD von HEBBs Hypothese der Entwicklung übergeordneter (superordinates) Wahrnehmungen aus (HEBB, 1949). Clustering enthalte die Faktoren Gewohnheitsstärke und Verbundenheitszuwachs (vgl. HÖRMANN, 1967) als einer hypothetischen Größe, die zur Gewohnheitsstärke addiert wird. Wird ein Wort reproduziert, so erfährt die Gewohnheitsstärke des damit in Beziehung stehenden Wortes eine Zunahme; dieses Wort wird als nächstes wiedergegeben[1]. Die in Analogie zu HEBB formulierte Annahme läßt sich mit dem von MANDLER (1968) beschriebenen System kategorial und hierarchisch gegliederter Organisationen recht gut vereinbaren.

Die freie Wiedergabe scheint somit weniger durch die Häufigkeit bestimmt zu sein, mit der die Wörter im Experiment reproduziert werden, als durch die Anzahl übergeordneter Einheiten, denen sie angehören. Als dritte Gruppierungart nennt SHUELL (1969) die auf informationstheoretischer Grundlage untersuchte "subjektive Organisation". Sie liegt dann vor, wenn eine Vp in mehreren oder eine Versuchsgruppe in einer experimentellen Phase mehr als zwei Glieder einer ungeordneten Wortliste gemeinsam wiedergibt, was wiederum auf das Vorhandensein eines als Einheit verarbeiteten grösseren Zusammenhangs schließen läßt. Alle drei Ordnungsarten - die assoziative und kategoriale Gruppierung sowie die subjektive Organisation - wirken im Sinne einer Steigerung der Reproduktionsleistung.

Zusammenfassend kann angenommen werden, daß die in der freien Wiedergabe von Wortlisten auftretenden Gruppierungen, die von der sequentiellen Ordnung des Reizmaterials abweichen, zu einem großen Teil präexperimentell vorhandene Relationsmuster widerspiegeln, die zu den vermutlich kategorial und hierarchisch geordneten verbalen Schemata hinführen.

Ein fertiges System, das hilft, Objekte zu klassifizieren, stellt die Grammatik dar. Die Frage nach der psychologischen Realität der Grammatik ist Gegenstand der im folgenden darzustellenden Überlegungen.

---

1) Ähnliches bezeichnet der von LASHLEY (1932) beschriebene priming-effect: je mehr Wörter in seiner Umgebung vorhanden sind, die ein Wort "vorwärmen", umso eher wird dieses Wort reproduziert.

1.3 Linguistische Beiträge

Die "Generative Tranformationsgrammatik" ersetzte die am Wahrscheinlichkeitsmodell orientierte Beschreibung linguistischer Strukturen und löste eine intensive Erforschung der psychologischen Realität der Grammatik aus.

Die hauptsächlich von CHOMSKY (1957) entwickelte Theorie bot zum ersten Mal die Möglichkeit, die Erzeugung unendlich vieler Sätze auf der Basis eines endlichen Regelsystems zu erklären und bezog damit den kreativen Aspekt der Sprache in die linguistische Formalisierung mit ein. Im wesentlichen lassen sich drei Forschungslinien verfolgen, die, anknüpfend an CHOMSKY, zur Klärung der Fragen nach dem Behalten sinnvoller Sätze beigetragen haben. Wir beschränken uns im folgenden auf die Beschreibung der in diesem Zusammenhang einflußreichsten Untersuchungen über: a) die Leistungskorrelate der syntaktischen Transformationen in der freien Wiedergabe, b) das von YNGVE (1960) entwickelte Modell der Sprachstruktur und c) die Ordnungsfunktion grammatischer Kategorien im Lichte der "chunking-Hypothese" von MILLER (1956).

a) Syntaktische Transformationen

Nicht die Oberflächenstruktur eines Satzes soll im Gedächtnis repräsentiert sein, sondern die für das Verständnis des semantischen Inhalts notwendige minimale Information zusammen mit den Hinweisen für eine adäquate Transformation (MILLER, 1962; MEHLER, 1963). Der Sprecher bildet aufgrund der Regeln der Generativen Grammatik den Kernsatz (kernel), der mit den Regeln der Transformationsgrammatik umstrukturiert wird. Am Ende steht der Plan für die Artikulation (vgl. MILLER, GALANTER u. PRIBRAM, 1960). Umgekehrt entschlüsselt der Hörer die Oberflächenstruktur, indem er die

Transformationssequenz zurückverfolgt, bis er zur Tiefenstruktur vorgedrungen ist. Daraus folgt, daß einfache (zum Beispiel aktive) Sätze, die nur wenige syntaktische Anweisungen benötigen, leichter verstanden und auch leichter erinnert werden als komplexe Sätze (zum Beispiel passiv/negativ), das heißt die grammatischen Transformationen sollen einem psychologischen Transformationsprozeß entsprechen (CHOMSKY, 1965; GARRETT u. FODOR, 1968). Einige Arbeiten unterstützen diese Hypothesen (McMAHON, 1963; MILLER u.a., 1962; MEHLER u.a., 1967; BLUMENTHAL, 1967;MARKS u.MILLER,1964). Unter der Annahme, daß mit ansteigender Komplexität der Transformation eines Satzes mehr Speicherplätze benötigt werden, boten SAVIN u. PERCHONOCK (1965) in einer Behaltensprüfung jeweils einen Satz und acht davon unabhängige Wörter dar. Die Zahl der richtig reproduzierten Wörter nach der Wiedergabe eines Satzes galt als Maß für den Speicherbedarf dieser Satzart. Tatsächlich hingen die Interferenzeffekte der Sätze und Wortketten in der Wiedergabe von der Anzahl der Transformationen ab. Die meisten Wörter wurden im Anschluß an einfache, aktive Sätze reproduziert.

OSGOOD (1968) zeigte aber, daß in dieser Arbeit wie in der von MEHLER (1963) die im Sinne der Transformationshypothese interpretierten Befunde vom Grad der semantischen Komplexität her ebenso gut erklärbar sind. Überdies fand MATTHEWS (1968) in den von SAVIN u.a. vorgelegten Daten hohe positive Korrelationen jeweils zwischen Wiedergabeleistung und Satzlänge und Wiedergabeleistung und Transformationen (vgl. WRIGHT, 1969a). Keinen systematischen Zusammenhang fanden wir zwischen zwei Arten der Satzzusammensetzung (Satzverzweigung/Satzgefüge)hinsichtlich der Reproduktionsleistung (WINTERMANTEL, 1969). WRIGHT (1969b) stellte nach der Darbietung aktiver (zum Beispiel"der Junge warf den Ball") beziehungsweise passiver Sätze aktive beziehungsweise passive Fragen nach den Satzgliedern (zum Beispiel "Was wurde von dem Jungen geworfen?" usw.). Entgegen der Transformationshypothese, die erwarten läßt, daß die mei-

sten richtigen Antworten auf aktive Fragen in Verbindung mit aktiven Sätzen gegeben werden, erwies sich ein anderer Faktor als wirksamer; die meisten falschen Antworten folgten auf Fragen, die mit der Satzart nicht übereinstimmten (zum Beispiel aktive Fragen auf passive Sätze).
Die Transformationshypothese impliziert, daß der Sinn eines Satzes erst nach Rückführung auf die Tiefenstruktur verstanden wird. Dies kann, worauf KEMPEN (1970) hinweist, rein phänomenologisch kaum angenommen werden, denn der Verstehensprozeß beginnt schon mit dem Hören des Satzanfangs und setzt nicht erst ein, nachdem der Satz vollständig wahrgenommen wurde. So kommt auch BEVER (in HAYES, 1970) zu dem Schluß, daß grammatisch definierte Strukturen im Sprachverhalten reflektiert sein mögen, nicht aber grammatisch definierte Prozesse. Insgesamt zeigen die vorliegenden Daten, daß syntaktische Transformationen zwar das Lernen und Behalten mitbestimmen, daß daneben aber der Einfluß semantischer Faktoren bisher unterschätzt wurde und keinesfalls vernachlässigt werden darf.

b) YNGVEs Modell der Sprachstruktur

1960 entwickelte YNGVE ein Modell, das auf der Kenntnis des Hörers um die Folgewahrscheinlichkeiten zwischen Wörtern der Sprache beruht. Jedes gehörte Wort löst eine Erwartung dessen aus, was folgen wird (zum Beispiel auf ein Nomen folgt ein Verb). Diese Regeln für Wortfolgen sind die Hauptbestandteile dessen, was im Gedächtnis festgehalten wird. Aus dem Grad der strukturellen Einbettung jedes einzelnen Wortes läßt sich nun die mittlere Tiefe eines Satzes ermitteln (YNGVE-Zahl[1)]). MARTIN u. ROBERTS (1966) wiesen den Effekt der mittleren Tiefe eines Satzes, das heißt der Komplexität

----

1) entspricht dem Quotienten aus der Anzahl der mit jedem Wort des Satzes eingegangenen "Verpflichtungen" bezüglich der darauffolgenden Wörter und der Gesamtzahl der Wörter.

eines Satzes als selbständigen Faktor beim Behalten nach. Dagegen fand PERFETTI (1969) in Experimenten mit ähnlichem Reizmaterial, daß die lexikalische Dichte eines Satzes und damit eine semantische Variable bessere Vorhersagbarkeit sicherte als die YNGVE-Zahl. Leider bestimmt er die lexikalische Dichte in etwas fragwürdiger Weise als das Verhältnis aus lexikalischen - das heißt sinntragenden - Wörtern zu Wörtern mit rein syntaktischen Funktionen.

c) die chunking-Hypothese

1956 zeigte MILLER, daß die Gedächtnisspanne wie die Erinnerungskapazität auf eine bestimmte Zahl (7 ± 2) einprägbarer Einheiten (Silben, Wörter, Sinnzusammenhänge usw.) begrenzt ist. Diese kognitiven Einheiten oder "chunks" enthalten ein Glied oder mehrere, die nach bestimmten Prinzipien gruppiert sind (s. auch POSTMAN u. ADAMS, 1960). Durch Erweiterung der chunks kann die tatsächlich übertragene Information um ein Vielfaches vergrößert werden. Das Behalten von mehr als 5 bis 9 Wörtern erfordert die (regelhafte) Codierung in chunks, wobei die notwendigen Regeln entweder schon im Reizmaterial enthalten sind oder vom Hörer aufgrund seiner Sprachgewohnheiten eingeführt werden müssen. ABORN u.a. (1952), RUBENSTEIN u.a. (1954) und MILLER (1958) fanden, daß selbst die nach unbekannten Regeln erfolgte Gruppierung sinnloser Silben die Wiedergabeleistung erhöht. Nun stellt die Grammatik ein solches Regelsystem für die Ordnung sprachlicher Inhalte dar. Der Kapazitätssteigerungseffekt syntaktischer Strukturen auf das verbale Lernen geht aus zahlreichen Arbeiten hervor (siehe zusammenfassend dazu SHUELL, 1969). Der Versuchsaufbau EPSTEINs (vgl. EPSTEIN, 1961, 1962, 1967, 1969) kann als repräsentativ für Experimente dieser Art gelten. Er bot sechs verschiedene sinnlose Sätze dar, die sich im Grad der Grammatikalität unterschieden. Unabhängig von semantischen Faktoren wurden Sätze, die über eine grammatische Struktur verfügten, besser wiedergegeben als einfache Wortsequenzen. Die Deutung, daß die syntaktischen Strukturen zur Wahrnehmung größerer Einheiten im gleichen Zeitraum verhelfen, was einer Erleichterung und Entlastung des Lernprozesses gleichkommt, entspricht der chunking-Hypothese.

Keinen Erleichterungseffekt syntaktischer Strukturen fanden ROSENBERG (1964) und MORAN (1965), die den Versuchsaufbau EPSTEINs nur dahingehend veränderten, daß sie einfache sinnlose Silben im Gegensatz zu wortähnlichen Formen verwendeten.

LACHMANN u. TUTTLE (1965) sehen den Einfluß syntaktischer Strukturen weniger darin, daß sie die Wahrnehmung und Reproduktion erleichtern, als daß sie die Speichereffizienz vergrößern. Ähnlich versteht JOHNSON (1965) Grammatik als ein fertiges und verläßliches Codierungsschema, das die Vorhersage der Wiedergabe-Einheiten von der grammatischen Struktur des jeweiligen Materials her gestattet. Denn die Konstituenten eines Satzes selbst können als chunks oder Response-Einheiten wirksam werden, da die einzelnen Wörter eines Satzteils als Darbietungs- und Wiedergabeereignisse abhängig voneinander sind. Das Maß für die Unabhängigkeit der Elemente eines Satzteils von einem anderen ist dann die Übergangswahrscheinlichkeit zwischen beiden[1]. Die von JOHNSON vorgelegten Daten zeigen die meisten Wiedergabefehler gerade zwischen linguistischen Segmenten, zum Beispiel zwischen Subjekt und Prädikat, und unterstützen somit seine Hypothese, daß den linguistischen Einschnitten psychologische Realität zukommt. Wie KEMPEN (1970) im Zusammenhang seines Gedächtnis-Modells gezeigt hat, können auch diese Ergebnisse nur unter Hinzunahme semantischer Einflußgrößen interpretiert werden.

----

1) Dies ist die Wahrscheinlichkeit, daß bei richtiger Wiedergabe eines Wortes das unmittelbar darauf folgende falsch ist, oder nicht reproduziert wird.

Syntaktische Strukturen allein bestimmen somit keineswegs den Reproduktionsprozeß; sie fundieren im wesentlichen die Redundanz der Sprache, wodurch die Grenzen der Kapazität überschritten werden können. Die im Gedächtnis repräsentierten Wörter tragen syntaktische neben semantischen Merkmalen (zum Beispiel Klassenzugehörigkeit, Kontrast usw.) (vgl. OSGOOD, 1968; KINTSCH, 1970), wobei OSGOOD sogar ein Kontinuum annimmt ohne einen prinzipiellen Unterschied zwischen ihnen.

1970 zeigte BEVER in seinem Aufsatz "The Cognitive Basis for Linguistic Structures", daß linguistische Strukturen selbst zum Teil durch Lerneffekte beim Spracherwerb determiniert sind. Ein Beispiel für zu erwartende Wechselwirkungen dieser Art ist der Effekt der Wahrnehmungsstrategien auf die Sprachstruktur. Noch deutlicher wird der hier angesprochene individuelle Aspekt in der These, daß eine Grammatik nicht notwendig eine nichtpsychologische Repräsentation der linguistischen Struktur sei, sondern die am ehesten verfügbare Reflexion über die grammatische Struktur.

Die grammatische Unvollkommenheit der meisten gehörten und geschriebenen Sätze und die Schwierigkeit, die Grammatikalität eigener Äußerungen zu bestimmen, lassen für COFER (1968) die Annahme der Kompetenz als einer Konstanten überhaupt zweifelhaft erscheinen. Methodisch ist sie ohnehin nur über Ausschnitte der Performanz erschließbar. Psychologisch können grammatische Regeln wie Hypothesen und Verhaltensstrategien nicht losgelöst vom Individuum und seiner sozialen Umwelt verständlich werden. Auf dem Niveau einer Sprachgemeinschaft stellen sie sich als Regeln dar, zum Beispiel daß Pronomen mit ihrem Bezugswort übereinstimmen, oder auf dem Niveau des Einzelnen, zum Beispiel in der Vorliebe für bestimmte Satzformen. Eine dem Hörer fremde Satzkonstruktion wird in der Wiedergabe immer dazu tendieren, neben lexikalischen auch syntaktische Veränderungen aufzuweisen, die an den eigenen Gewohnheiten orientiert sind.

1.4 Verbales Behalten in der Sicht der Entwicklungspsychologie

1.4.1 Der Einfluß sozialer Beziehungen

Auf verbales Verhalten bezogen, läßt sich die Entwicklung einer Syntax im Sinne OSGOODs (s.o.) nicht isoliert von der sozialen Umgebung denken. Sie bezeichnet einen wichtigen Abschnitt innerhalb der komplexeren Sozialisationsprozesse[1]. Die Grundlage für die Aneignung sprachlicher Symbole und deren Koordination und Organisation als Voraussetzung für die Formulierung eigener Wünsche und Absichten bildet die Eltern/Kind-Beziehung, in deren Rahmen die Übernahme verbaler Verhaltensmuster erfolgt. Über die Bedeutung der lebensgeschichtlich frühesten sozialen Beziehung zwischen Mutter und Kind für die sprachliche Entwicklung besteht in der Literatur kein Zweifel (BRODBECK u. IRWIN, 1946; RHEINGOLD u. BAYLEY, 1959; Esther MILNER, 1951; KOCH, 1954; HESS u. SHIPMAN, 1965; WHITEMAN u.a., 1967; JENSEN, 1968 usw.). OEVERMANN (1968) will das Lernen der Sprache weniger als Folge mechanischer Einübungsprozesse, sondern sogar als Funktion der affektiven Beziehungen in der Familie verstehen.

Wir vermuten eher, daß es aufgrund zahlreicher Imitationsprozesse (BANDURA u. HUSTON, 1961; KAGAN, 1958), die sich umso intensiver zu vollziehen scheinen, je positiver und wärmer der soziale Kontext empfunden wird (vgl. BAXTER u.a., 1965) zur mehr oder weniger umfassenden Vermittlung von Objektbezeichnungen und syntaktischen Regeln kommt. Daß außerdem die Ermutigung von seiten der Primärgruppe - also zunächst ebenfalls den Eltern - entscheidende Beiträge zur Fähigkeit leistet, differenziertere Redeformen und Aussagen zu bilden, ist einsichtig (s. dazu auch GARAI, 1966).

---

[1] In der Interaktionstheorie wird die Sozialisation im wesentlichen als Lernen von Sprach- und Bedeutungssymbolen verstanden (G.H. MEAD, 1934).

Es könnte sein, daß infolge der Geschlechtsrollenidentifikation (vgl. BEIER u. RATZEBURG, 1953; MUSSEN u. DISTLER, 1959) die Sprachgewohnheiten von Vätern und Söhnen relativ mehr Ähnlichkeiten aufweisen werden als die zwischen Vätern und Töchtern.

Spätestens mit dem Schulbeginn treten die Eltern einen Teil ihrer Funktionen als Sozialisations-Vermittler an den Lehrer bzw. an die Gruppe der Gleichaltrigen ab (PARSONS, 1967). In der Adoleszenz schließlich soll dieser Gruppe der größte Sozialisationseinfluß zukommen (vgl. AUSUBEL, 1965). Daß für den sozialen Lernprozeß die Interaktion mit gleichgeschlechtlichen Alterskameraden wichtiger ist als mit gegengeschlechtlichen, fand MEYER (1967) unter Hinweis auf entsprechende Befunde von HARRIS u. TSENG (1957). Nach der Rollentheorie vollzieht sich die Identifikation als Übernahme der Rolle des Modells am stärksten dann, wenn das Modell über Machtmittel verfügt und mit dem Sich-Identifizierenden häufig interagiert (vgl. COTTRELL, 1942; BRIM, 1958). Diese Hypothese wurde von MUSSEN u.a. (s.o.) experimentell unterstützt.

Wir nehmen an, daß teilweise Identifikationen mit den Freunden, verbunden mit häufigen sozialen Kontakten, zum Ausbau sprachlicher Codes führt, denen weitgehend ähnliche Sprachgewohnheiten zugrundeliegen. Die Formulierung und der Gebrauch bestimmter Redewendungen oder Floskeln, die nur den Gruppenmitgliedern verständlich sind, das Erfinden neuer Wörter, die sehr schnell von allen übernommen werden, sind besonders deutliche Hinweise für diesen Vorgang.

1.4.2 Individuelle Unterschiede unter verschiedenen Aspekten

1.4.2.1 Entwicklungsstand

Was den quantitativen Aspekt des Gedächtnisses betrifft, so berichten McGEOCH u. IRION (1952) über eine Zunahme des Gedächtnisumfangs mit wachsendem Alter. Die Lernkurve zeigt einen ähnlichen Verlauf wie die Intelligenzkurve (vgl. BAYLEY, 1955), ohne aber mit dieser übereinzustimmen. Inkonsistente Ergebnisse liegen für den Zusammenhang zwischen freier Wiedergabe und Lebensalter in der mittleren Kindheit und Adoleszenz vor. BOUSFIELD, ESTERSON u. WHITMARSH (1958) fanden signifikante Unterschiede der Wiedergabeleistungen zwischen 9- und 10-jährigen zugunsten der Älteren. Die 8-jährigen der Versuchsgruppe von KOPPENAAL, KRULL u. KATZ (1964) reproduzierten dagegen ebenso gut wie die älteren oder jüngeren Versuchspersonen. Dieses Ergebnis stimmt mit den Daten von LOCKARD u. SIDOWSKI (1961) überein. In einer abgewandelten Form der freien Wiedergabe liegen jedoch die Leistungen der 12-jährigen über denen der 10-jährigen. WACHS (1969) findet bei 10- bis 18-jährigen eine positive Beziehung zwischen Alter und Lernen, die aber über Alter etwas geringer wird. Die mangelnde Übereinstimmung der Befunde könnte entweder auf methodische Unterschiede zurückzuführen sein, oder auf den geringen Abstand zwischen den Altersstufen z.B. bei LOCKARD u. Mitarb..

Daß mit dem Alter auch qualitative Änderungen der Funktionsweise des Gedächtnisses vom mehr mechanischen Lernen (Materialgedächtnis) zum mehr sinnvollen Lernen (logisches Gedächtnis) erfolgten, nahmen BRUNSWIK, GOLDSCHEIDER u. PILEK (1932) an. Nacheinander sollen die Funktionen Materialgedächtnis, Gestaltgedächtnis und schließlich Sinngedächtnis hervortreten, wobei der Wechsel zwischen den letzten beiden im 12. bis 14. Lebensjahr stattfinde. Die Hypothese der qualitativen Änderungen wird von BABBEL (1956), RUBINSTEIN (1962) und WEINERT (1962) zu widerlegen versucht. Frühere Untersuchungen, über die MUNN (in CARMICHAEL, 1954) zusammenfassend referiert, lassen ebenfalls vermuten, daß auch jüngere Kinder eher sinnvoll als mechanisch lernen. RUBINSTEIN spricht von einer Umwandlung des sinnvollen Gedächtnisses selbst und geht dabei von der Annahme einer engen Beziehung zwischen der Entwicklung des Denkens und der des Gedächtnisses aus, die auch BRUNER (1961) nachdrücklich betont. NICKEL (1968) findet eine Überlegenheit des sinnhaften über das sinnfreie Behalten bei 10- bis 15-jährigen Jungen und Mädchen.

Signifikante Leistungsabfälle treten in dieser Untersuchung zwischen dem 10. und 11. und dem 12. und 13. Lebensjahr auf. Ältere Kinder reproduzierten sinnhafte Texte eher auf den Wortlaut bezogen. Wahrscheinlich bedingen neben der zunehmenden Beherrschung der Sprache auch Veränderungen des Aufgabenverhaltens die höheren Behaltensleistungen mit wachsendem Alter.

Über altersbedingte Änderungen in der Art der Einprägung berichten FLAVELL (1970) und FLAVELL, BEACH u. CHINSKY (1966). Ältere Kinder verwenden häufiger verbale "rehearsals" (stille Wiederholungen) als Hilfen bei der Wiedergabe (KINGSLEY u. HAGEN, 1969). Ferner soll mit dem Alter die Fähigkeit zunehmen, die eigene Gedächtnisspanne abzuschätzen, ebenso wie die, den Zeitpunkt zu bemerken, zu dem das Material so gut eingeprägt ist, daß es perfekt reproduzierbar ist (vgl. FLAVELL, FRIEDRICHS u. HOYT, 1970). Was die Autoren mit der Annahme einer Weiterentwicklung von Behaltensstrategien erklären wollen, läßt sich u.E. eher auf den Ausbau und die Stabilisierung begrifflicher Schemata zurückführen. So weist BRUNER (1964), der die kognitive Entwicklung vorwiegend als eine Verschmelzung der Fähigkeiten zur Repräsentation und Integration versteht, auf die zunehmende Bedeutung der Sprache für die Informationsdifferenzierung und -verarbeitung als Medium der Übersetzung von Erfahrungen hin. Gleichzeitig ist ein Anwachsen im Gebrauch verbaler Vermittler zu erwarten, die im Einprägungsprozeß die Verbindung zwischen neuen Informationen und bestehenden Sprachgewohnheiten schaffen (vgl. LURIA, 1961; KENDLER u. KENDLER, 1959; DEESE, 1961). Was als Zunahme des Gedächtnisumfangs bezeichnet wird, scheint demnach gleichbedeutend mit der wachsenden Fähigkeit zu sein, Informationen zu organisieren (vgl. MANDLER, 1966).

Was die altersspezifischen Unterschiede im Sprachgebrauch angeht, so enthält die Literatur zwar zahlreiche Arbeiten über die Sprachentwicklung (so v.a. McCARTHY, 1954) und den Erwerb grammatischer Strukturen (BERKO, 1958; BRAINE, 1965), der Bereich der Sprache im Schulalter ist dagegen nur wenig erfaßt.

SHAPIRO (1964) beobachtete eine Zunahme im Bedeutungsgehalt von Reizwörtern über Alter, indiziert durch das Anwachsen der absoluten Zahl von Assoziationen und der Abnahme sinnloser Klangassoziationen. Während jüngere Kinder vorwiegend syntagmatische Assoziationen geben, gehören die Assoziationen älterer Kinder und Erwachsener eher den Wortklassen der Reizwörter (paradigmatisch) an (ERVIN-TRIPP, 1961; PALERMO u. JENKINS, 1964). Diese Befunde unterstützen die Annahme der mit dem Alter zunehmenden, kategorialen Organisationsfähigkeit als Bedingung für den Aufbau des sprachlichen Gedächtnisses. Auf die enge Verzahnung des verbalen Behaltens und der intellektuellen Fähigkeiten weist JENSEN (1968) hin: "A great deal of what we think of as intelligence, or as verbal ability, or learning ability, can be thought of in terms of the extensiveness and complexity of this verbal network and of the strength of the interconnections among its elements." (S. 126). Für den Aufbau eines solchen Netzwerks läßt sich eine Vielzahl vorausgehender, die individuellen Unterschiede betreffender Einflußgrößen annehmen, zu denen auch das Lebensalter gehört. Prüft man verbales Behalten unter Zugrundelegung eines vom Untersucher konstruierten Reizmaterials, so können die als entwicklungsbedingte Änderungen interpretierten Befunde zum Teil durch die Unterschiede der Sprechstile der Vpn, aber auch zwischen den im Reizmaterial repräsentierten und den eigenen Diktionen bedingt sein. Berücksichtigt man diesen Faktor, so ist zum Beispiel zu erwarten, daß Kinder die Sprache Erwachsener sehr schlecht behalten können, während die Sprache Gleichaltriger wesentlich besser erinnert wird.

1.4.2.2 Geschlecht

McGEOCH (1952) und ähnlich HOVLAND (1951) halten die verschiedentlich bei Lernaufgaben auftretenden geschlechtsspezifischen Leistungsunterschiede im wesentlichen für eine Funktion der jeweiligen Aufgabe, der Motivation, der Erfahrung, des Interesses und des Grades vorhandener Übung. Entsprechend lassen sich die Daten NICKELS (1968) interpretieren, der für variierendes Reizmaterial (sinnfreie Silben, Gedankenpaare, ein Gedicht usw.) höhere Reproduktionsleistungen der Jungen nur in der Wiedergabe eines bestimmten Textes fand. Einige Autoren weisen auf die besseren Gedächtnisleistungen der Mädchen vor allem in den Jahren der Vorpubertät hin (s. dazu MUNN, in CARMICHAEL, 1954). McNEMAR (1942) beobachtete Unterschiede im Behalten zugunsten der Mädchen, die den Unterschieden in der Sprachentwicklung nicht entsprachen. Jedenfalls scheint sich der Vorsprung in der Sprachentwicklung, der von einigen Autoren übereinstimmend berichtet wird (ANASTASI, 1958; McCARTHY, 1954; TERMAN u. TYLER, 1954; TYLER 1965; WELLMAN u.a., 1931; usw.), nicht unmittelbar auf das verbale Behalten auszuwirken. Neben der räumlichen Fähigkeit gehört verbales Verhalten zu den Hauptbereichen kognitiven Verhaltens, in denen sich geschlechtsspezifische Unterschiede nachweisen ließen (MACCOBY, 1966; BING, 1963).

Mädchen sollen früher sprechen lernen, den Jungen in Artikulation, Intelligibilität und Korrektheit des Sprachlautes überlegen sein, Grammatik und Aussprache schneller lernen und über eine bessere Ausdrucksfähigkeit verfügen. Keinen Unterschied fanden CLARK (1959) und BENNETT u. Mitarb. (1959) hinsichtlich der Größe des Wortschatzes. DUNSDON u. FRASER-ROBERTS (1957) beobachteten sogar einen geringfügigen größeren Wortschatz bei Jungen. Nach HOBSON (1947) und HAVIGHURST u. BREESE (1947) bestehen keine Unterschiede im Verstehen verbaler Bedeutungen. Ob die Behaltensgenauigkeit von Prosatexten von dieser Variable beeinflußt wird, ist fraglich.

Die Ursache für die sprachliche Überlegenheit der Mädchen ist theoretisch kaum geklärt. McCARTHY (1953) sieht sie in dem unterschiedlichen Ausmaß des Kontaktes mit der Mutter in der frühen Kindheit. MOSS (1967) fand unterschiedliche mütterliche Reaktionen in den Verhaltenskategorien Lächeln, Aufnehmen und Vokalisieren bei Säuglingen. Mütter von Mädchen imitierten die frühen Lautäußerungen signifikant häufiger als Mütter von Jungen. Dies könnte als wirksame Bekräftigung für verbales Verhalten verstanden werden. In der Sichtweise des sozialen Lernens ließen sich diese Befunde als Folgen unterschiedlicher Rollenerwartungen erklären. Der erlebte Druck zur Anpassung an das soziale System ist vermutlich besonders für heranwachsende Mädchen der Mittel- und Oberschicht größer als für gleichaltrige Jungen, was zum verstärkten Interesse an den Kommunikationsmöglichkeiten führt. Diese Hypothese ist konsistent mit dem Befund, daß geschlechtsspezifische Unterschiede weniger im rezeptiven als im aktiven Sprachgebrauch bestehen (zur Unterscheidung von rezeptivem und aktivem Sprachgebrauch vgl. ERVIN, 1964; FRASER, BELLUGI u. BROWN, 1963).
Die Betrachtung der Diktionen bzw. Diktionsdistanzen könnte zur Klärung dieses Problems beitragen, da sie beide Aspekte, Behaltenskapazität und idiographische Sprachgewohnheiten einschließt.

Was den qualitativen Aspekt der Wiedergabe betrifft, so findet SANTOSTEFANO (1964), daß Jungen in der Textwiedergabe eher zur Verschärfung bzw. Pointierung tendieren.
Die Dimension Ausgleichen/Pointieren bezieht sich auf den Differenzierungsgrad von Gedächtnisschemata (vgl. WULFF, 1922; BARTLETT, 1932; MESSICK, 1968; GARDNER, 1953; HOLZMAN, 1954). Die Verschärfung inhaltlicher Komponenten müßte sich in der Wiedergabe in einem relativ hohen Intrusionsanteil zeigen, während unter sonst gleichen Bedingungen

wenige Intrusionen eher auf Ausgleichen schließen lassen. Die geschlechtsspezifische Variable muß demnach als mögliche Einflußgröße für das verbale Behalten angenommen werden.

1.4.2.3 Schichtenzugehörigkeit

Im Zusammenhang mit erziehungspraktischen Konsequenzen wird in jüngster Zeit das Thema "soziokulturelle Determinanten des Lernens" (vgl. OEVERMANN, 1968) heftig diskutiert. Hauptgegenstand der Untersuchungen und Theorienbildungen sind die schichtspezifischen Formen des Sprachverhaltens und deren Einfluß auf die Kognition (BERNSTEIN, 1959, 1962, 1964 usw.; WHITEMAN u. DEUTSCH, 1968; JENSEN, 1968; OEVERMANN, 1966, 1967, usw.). Die meisten Befunde, die die sprachliche Überlegenheit der Mittel- und Oberschicht gegenüber der Unterschicht betreffen, stammen aus der Intelligenzforschung. Der Leistungsunterschied zeigt sich im allgemeinen bei Aufgaben der verbalen Intelligenz größer als bei Aufgaben, die die rechnerischen, geometrischen und zeichnerischen Fähigkeiten ansprechen (EELLS u.a., 1951). Schichtenspezifische Differenzen treten lebensgeschichtlich schon sehr früh in verschiedenen Sprachfunktionen wie der Lautentwicklung (IRWIN,1947,48)der Artikulationsfähigkeit (TEMPLIN, 1957) sowie der Lautdiskriminierungsfähigkeit (CLARK u. RICHARDS, 1966) auf. JENSEN (1968) erklärte diese Befunde aufgrund des konsequenter durchgeführten "shaping" der Sprechlaute in der Mittelschicht. Als ungünstige Bedingungen für den Spracherwerb, die gerade für die Unterschicht kennzeichnend sind, nennt er: mehr verschiedene Bezugspersonen (große Familie), weniger verbales Spiel, weniger verbale Interaktionen und wenig Bekräftigung.

Daß die Größe des Vokabulars schichtenspezifisch variiert, wurde mehrfach gezeigt (McCARTHY, 1954). Unterschiede lassen sich auch hinsichtlich des Sprachstils, das heißt dem bevorzugten Gebrauch bestimmter Wortarten nachweisen. Ungewöhnliche Adjektive und Adverbien treten im Sprachgebrauch von Kindern aus der Mittelschicht häufiger auf (LAWTON, 1968) ebenso wie intentionale Verben (OEVERMANN, 1967), während der relative Gebrauch von Substantiven in der Unterschicht-Sprache überwiegt (THOMAS, 1962). Positive Korrelationen zwischen der Anzahl paradigmatischer Assoziationen und dem sozioökonomischen Status beobachtete DEUTSCH (1965). Ähnlich fand Vera JOHN (1963) im Wort-Assoziations-Test sehr geringe Leistungen und niedrige Geschwindigkeiten bei Kindern von Unterschicht-Eltern. Was die Fähigkeit betrifft, sprachliche Aussagen grammatisch zu organisieren, so scheinen sich die Äußerungen von Unterschicht-Kindern auf einer niedrigeren Stufe syntaktischer Komplexität zu bewegen. Ausgehend von der Bestimmung des Schwierigkeitsgrades in der Nebensatzkonstruktion zeigten LOBAN (1964) und LAWTON (1963) schichtenspezifische Unterschiede im Gebrauch adverbialer Nebensätze. Wie aus einer Arbeit von Esther MILNER (1951) hervorgeht, scheinen Eltern der Mittelschicht mehr Wert auf sprachliche Bildung zu legen. Die Autorin fand eine enge Beziehung zwischen Lesebereitschaft und SES.

Der Effekt der schichtenspezifischen Variablen wurde auch für einige der von JENSEN (1968) genannten Lernschritte nachgewiesen. So die Überlegenheit der Mittelschichtkinder in der Periode der Benennung von Objekten (labeling period), in der Fähigkeit, auf verbale Rückkopplung zu reagieren (TERRELL, 1958) und in der Bildung interverbaler Assoziationen, indiziert durch Leistung und Geschwindigkeit beim Assoziieren. Schichtenspezifische Unterschiede scheinen deutlicher in der Entwicklung von Assoziationshierarchien als in der bloßen Verknüpfung mehrerer Wörter zu sein (vgl. JENSEN u. ROHWER, 1965). Daß darüber hinaus die

Bildung verbaler Vermittler mit dem SES korreliert, ist bisher nicht bewiesen.

Den meisten dieser Untersuchungen haftet der Mangel an, daß die mittelschichtspezifische Sprache der Forscher Maßstab und Ausgangspunkt der soziolinguistischen Fragestellung ist. Die These BERNSTEINs, daß die sprachlichen Unterschiede zwischen den Statusgruppen weniger Unterschiede angeborener Fähigkeiten ausdrücken als daß sie vielmehr aus verschiedenen Sprechmodi resultieren, stellt eine alternative Betrachtungsweise dar, in der sich jedoch später, vor allem in dem Konzept "formale" Sprache der gleiche Fehler bemerkbar macht. Verschiedene Sozialstrukturen, so BERNSTEIN, legen Nachdruck auf verschiedene, dem Sprachgebrauch inhärente Möglichkeiten. Ist dieser Akzent gesetzt, so wird die resultierende sprachliche Form ein wichtiges Mittel für die Hervorbringung und Festigung bestimmter Gefühls- und Denkbahnen. Zwischen das formale System der Sprache und den Akt des Sprechens tritt vermittelnd die Struktur der sozialen Beziehungen zwischen den Sprechern. Die linguistischen Codes, geprägt von der sozialen Substruktur, sind das Ergebnis unterschiedlicher Formen verbaler Planung und Orientierung an der allgemeinen Schriftsprache.

Sicher sind gewisse Formen des Sprachgebrauchs kulturell bestimmt, ob aber den Strukturbedingungen so viel Bedeutung eingeräumt werden muß, ist zweifelhaft.
Linguistische Codes, aufgefaßt als Transformationen von Sozialbeziehungen, können nicht selbst als kognitive Prozesse angesehen werden. OEVERMANN zeigte, daß der geringe Gebrauch eines sprachlichen Merkmals nicht notwendig mit der geringen Fähigkeit zu diesem Gebrauch korreliert. Das heißt aber, daß die schichtenspezifischen Unterschiede eher den aktiven Sprachgebrauch betreffen könnten als das verbale Wissen. Insofern wird das Konzept restringierter versus elaborierter Code auf der kognitiven Ebene über-

flüssig und gilt allenfalls für die Beschreibung der Kommunikationsabläufe, die sich vor allem im Grad der Differenziertheit und syntaktischen Komplexität sprachlicher Äußerungen unterscheiden (vgl. SCHATZMAN u. STRAUSS, 1955).

Zur weiteren Klärung des Problems erscheint es sinnvoll, Kriterien zu suchen, die, unabhängig von den Merkmalen eines bestimmten Codes, den Vergleich der verbalen Behaltensleistungen zwischen Unterschicht- und Mittelschichtkindern unter Einbeziehung individueller Sprachunterschiede ermöglichen.

2. DIKTIONSDISTANZEN

2.1 Theoretische Klärung

Die für die Integration kognitiver Inhalte zwischen Einprägen und Reproduzieren konstitutiven intervenierenden Variablen sind im umfassenden Sinn als erworbene Verhaltensdispositionen zu begreifen (vgl. CAMPBELL, 1963). Ob sie als Strukturen oder Assoziationen, als Schemata oder "habits" thematisiert werden, betrifft weniger die theoretische Fragestellung als die des Menschenbildes und, damit verknüpft, des methodischen Zugangs (s. dazu auch COFER, 1968). Sprachgewohnheiten repräsentieren solche gelernten, relativ konstanten Verhaltensdispositionen, denn die Sprache selbst gibt ein Kategorisierungssystem vor, das bei der Einprägung hilft, Objekte und Ereignisse zu identifizieren, sie zu ordnen und zu gliedern (vgl. BRUNER u.a., 1956).

Wie in anderen Wahrnehmungsprozessen die Erwartungen, Einstellungen und Hypothesen, so haben bei der Wahrnehmung sprachlicher Ereignisse die Sprachgewohnheiten richtungsweisende Funktionen. Und so wie diese wirken sie in der "trial-and-check"-Phase als Maßstab für die Prüfung und als Filter für neue Informationen. Die Annahme einer Prüfspur dieser Art findet sich übrigens auch in der neobehavioristischen Gedächtnistheorie von ADAMS (1967), wenn auch hier von anderen theoretischen Voraussetzungen ausgegangen wird. Die Gedächtnisrepräsentation eines sinnvollen Satzes oder Textes scheint nur aus zahlenmäßig begrenzten Ankerpunkten (der Tiefenstruktur) zu bestehen, die vermutlich im Sinne distinkter Merkmale, das heißt auch syntaktischer Anweisungen zu denken sind (vgl. OSGOOD, 1968; KEMPEN, 1970). Sie bilden einen Teil der Konstituenten des Rekonstruktionsprozesses, in den früher gelernte lexikalische und syntaktische Gegebenheiten mit eingehen. Geäußert wird schließlich

ein Satz, der die eigenen Sprachgewohnheiten widerspiegelt. Daß sich die Wiedergabe immer in Begriffen der beteiligten Schemata vollzieht, zeigt sich besonders deutlich in entwicklungspsychologischen Arbeiten. So wies INHELDER (1969) nach, daß Kinder aufgezeichnete Gegenstände, die sie kurz nach der Darbietung noch sehr vereinfacht reproduzierten, nach mehreren Wochen völlig korrekt wiedergaben, was auf die nunmehr erreichte Entwicklungshöhe der Assimilationsschemata zurückzuführen ist. Untersuchungen zum Spracherwerb zeigen, daß Sätze beim Nachsprechen zumindest so verändert werden, daß sie sich in Länge und Komplexität von den spontan gesprochenen Sätzen der Kinder nicht mehr unterscheiden (vgl. SLOBIN u. WELSH, 1968). Diese Befunde entsprechen den von BARTLETT (1932) berichteten und können auf die Textwiedergabe bezogen vereinfacht dahingehend interpretiert werden, daß eine Tendenz dazu besteht, den Inhalt des Gehörten in eigenen Worten auszudrücken. Von daher läßt sich auch erklären, daß die Lernleistung beim Lernen von Wortlisten dann herabgesetzt ist, wenn die Instruktion eine bestimmte Reihenfolge verlangt, die der subjektiven Ordnung widerspricht (vgl. BOWER u.a., 1969). Somit erscheint die Annahme berechtigt, daß die Diktion eines einzuprägenden Textes dann mit der eigenen interferieren wird, wenn sie dieser unähnlich ist. Und je weniger sich die Diktionen gleichen, umso schwieriger wird das Verstehen der Vorlage sein, denn umso aufwendiger müßte sich der Rekodierungsvorgang vollziehen.
Es ist anzunehmen, daß ein großer Teil der vielfach beobachteten Leistungsunterschiede bei der Textwiedergabe auf unterschiedliche Sprachgewohnheiten und das heißt verschieden weite Distanzen zurückzuführen ist. Denn wahrscheinlich besteht ein Zusammenhang zwischen dem Ausmaß der Diktionsdistanzen und der relativen Lernbarkeit sinnvoller, verbaler Inhalte. Überträgt man die dargestellten Überlegungen auf den sozialen Bereich, so wird deutlich, daß der Grad der Ähnlichkeit zwischen den Sprechstilen zweier Partner als Einflußgröße für die Kommunikation angenommen werden muß. Sprachgewohnheiten finden ihren Ausdruck in den Diktionen, die aber nicht konstant sind, sondern unter dem Einfluß aktueller situativer Faktoren stehen.

Unabhängig von dem Inhalt einer Nachricht kann ihre Codierung durch den Sprecher auf verschiedene Weisen erfolgen. Die Auswahl der sprachlichen Mittel aus dem zur Verfügung stehenden verbalen Repertoire ist bestimmt durch Subjektvariablen, unter anderem der Intention, sich dem jeweils Zuhörenden verständlich zu machen, sowie von Umgebungsvariablen, zu denen nicht zuletzt die Hörervariablen ("audience variables", vgl. SKINNER, 1957) zu zählen sind. Die Äußerungen einer Mutter in der Unterhaltung mit ihrem Kind ähneln in der Regel den kindlichen Sprechversuchen oder enthalten nur einen geringfügig höheren Grad der Komplexität und bestehen keineswegs, wie zum Beispiel BRAINE (1963) anzunehmen scheint, immer aus grammatisch richtigen (vollständigen) Sätzen. In diesem Fall scheint eine Diktion an eine andere angeglichen zu werden, um Verständnis zu gewährleisten. In wissenschaftlichen oder politischen Gesprächsabläufen tritt gewöhnlich ein Phänomen auf, das man als Diktionenkonvergenz bezeichnen könnte, vor allem dann, wenn der Gegenstand für beide Partner etwa gleich bedeutsam ist. Ferner gilt für das Feld der über die Kommunikation zwischen zwei Menschen oder innerhalb kleiner Gruppen hinausgehenden sprachlichen Nachrichtenübermittlung das Bemühen, den spezifischen Diktionen bestimmter Leser- oder Hörerkreise (Zielgruppen) annähernd kongruente Aussageformen zu treffen.

Was die allgemeineren situativen Faktoren angeht, so können Diktionenänderungen zum Beispiel auf den Dimensionen öffentlich-privat, wissenschaftlich-nichtwissenschaftlich usw. angenommen werden.
Nicht in jedem Falle sozialisierter Sprachäußerungen lassen sich Angleichungen der Diktionen beobachten, so zum Beispiel im Gespräch mit einem guten Bekannten oder allgemein in der Dichtung und in der Kindersprache. Diktionen erfahren dann nur geringfügige Änderungen, wenn weitgehende

Übereinstimmung der Diktionen zwischen Sprecher und Hörer besteht oder sich herausstellt, wenn die gesprochene oder geschriebene Nachricht nicht hier und jetzt einem oder mehreren Hörern übermittelt werden soll, oder wenn die Diktion des Partners zu schwierig ist. Im letzteren Fall müßte es zum Kommunikationsbruch kommen.

Die Distanzen zwischen Diktionen, auf einer Skala abgetragen, reichen von optimalen Verständnismöglichkeiten bis zu Nicht-Verstehen. Veränderungen der eigenen Diktion über die Zeit hinweg sind theoretisch ebenfalls auf einer solchen Skala erfaßbar, wenn auch die Bezugspunkte anders definiert werden müßten. Diktionsdistanzen wirken auf das Verstehen und Behalten ein und müßten sich experimentell mit der Methode der freien Wiedergabe bestimmen lassen, wenn man die Veränderungen in der Rekonstruktion mit einbezieht und die erinnerte Version mit der Vorlage vergleicht. Während nun die Weglassungen alleine keine Rückschlüsse auf die Sprachgewohnheiten zulassen, bieten sich die Wörter, die nicht in der Vorlage erscheinen, sondern den behaltenen Gliedern in der Wiedergabe beigefügt werden, dafür in besonderem Maße an.

Als Randphänomen erwähnen einige Autoren das Auftreten solcher Zufügungen (Intrusionen) erstmals im Rahmen der Interferenzerscheinungen zwischen zwei oder mehr nacheinander eingeprägten Lernmaterialien (MELTON u. IRWIN, 1940; UNDERWOOD, 1949; CONRAD, 1959, 1960, 1964). Hierbei kommt es häufig vor, daß Wörter der einen Vorlage in der Wiedergabe der anderen erscheinen. PETERSON (1959) versteht dies als Folge des Wettstreits zwischen den Responses, während DEESE (s.o.) einfache Assoziationsmechanismen zur Erklärung heranzieht. Er verwendet die mittlere Häufigkeit, mit der jedes Wort einer Liste ein bestimmtes anderes Wort als Assoziation hervorruft, zur Vorhersage seiner

Intrusionswahrscheinlichkeit. Bestehen assoziationsstarke Beziehungen in einer Wortliste, so treten nur selten Intrusionen auf. Als Glieder der eigenen Sprache sind Intrusionen den von ADAMS u. MONTAGUE (1967) beschriebenen Vermittlern (Natural language mediators) vergleichbar, die neue Wörter mit schon bekannten verbinden. Aufgrund der bisher aufgewiesenen Regelhaftigkeiten, die das Behalten steuern, ist zu erwarten, daß ein sinnvoller Text dann mit nur wenigen Zufügungen rekonstruiert wird, wenn die Wörter in einem der Person vertrauten Kontext eingebettet waren. Stehen die Wörter des Originalmaterials hingegen in einem ungewöhnlichen Zusammenhang, so wird der Anteil der Intrusionen an dem wiedergegebenen Text größer sein. Der Intrusionsanteil in der Wiedergabe kann daher als Indikator für die Nähe bzw. Ferne der eigenen Diktion zu der im Reizmaterial repräsentierten angenommen werden. Die Ergebnisse einer früheren Arbeit unterstützen diese Annahme zumindest was die Wiedergabe einer ganz bestimmten Textart angeht (WINTERMANTEL, 1969). Dabei wurde gefunden, daß das quantitative Verhältnis der Intrusionen an der Gesamtrekonstruktion von Gedichten verschiedener Dichter (Goethe, Rilke, Trakl und Bachmann) nicht konstant ist, sondern zwischen den Dichtern variiert. Es wurde ein relativ niedriger Quotient für die Gedichte von Goethe und Bachmann ermittelt, wobei die Gedichte Goethes, als einem Klassiker, allen recht gut zugänglich sein dürften, und die Sprache Ingeborg Bachmanns, als einer modernen Dichterin den heutigen Sprachgewohnheiten ähnlich ist. Hingegen nahm der Quotient bei Gedichten von Rilke und Trakl - beide sind Vertreter umschriebener Stilepochen - sehr viel höhere Werte an. Es bestanden keine systematischen Zusammenhänge zwischen zugefügten und richtig reproduzierten Wörtern, zwischen Intrusionen und Assoziationen (freie Assoziationen zu einem Gedicht als einer kognitiven Einheit), sowie richtig reproduzierten Wörtern und Assoziationen. Ferner zeigte sich, daß das Verhältnis

Intrusion zur Gesamtrekonstruktion im Sinne der Vorhersage über drei Textarten mit unterschiedlichen Diktionen (grammatisch komplex strukturierte Sprachprobe, umgangssprachlicher Text und eigene Aussage) variierte. Der höchste Quotient wurde aus den Rekonstruktionen der komplex strukturierten Sprache ermittelt, der niedrigste für Eigensprache. Das Verhältnis Intrusion zu Gesamtrekonstruktion erscheint somit als Indikator für die Diktionsdistanz zwischen der Diktion der Vorlage und der eigenen Diktion brauchbar. Es ist nun zu fragen, ob unsere Annahme auch für engere soziale Bereiche Gültigkeit besitzt und das heißt, ob dieses Maß sogar zwischen Sprachproben differenzieren kann, die auf der Ebene der Umgangssprache variieren und sich insofern voneinander unterscheiden, als sie die Diktionen von mehr oder weniger "nahen" sozialen Partnern widerspiegeln. Das nachfolgende Experiment soll dies prüfen und Auskunft über mögliche Zusammenhänge mit den attributiven Variablen Entwicklungsstand, Geschlecht und Schichtenzugehörigkeit geben.

2.2 Ermittlung der Diktionsdistanzen

Als abhängige Variable Diktionsdistanz dient das Verhältnis zugefügter Wörter (Intrusionen) zu der Gesamtzahl wiedergegebener Wörter in der freien Wiedergabe sinnhafter, verbaler Inhalte. Die freie Wiedergabe ist die methodische Grundlage der Untersuchungen, die die Organisation in der Reproduktion und deren Entsprechung in den kognitiven Systemen behandeln (vgl. BOUSFIELD u. COHEN, 1956; GONZALEZ u. COFER, 1959; usw.) und der Studien zum Assoziationslernen (UNDERWOOD u. SCHULZ, 1960). Ausführlich diskutiert wird diese Methode von TULVING (1968).

Das Paradigma beschreibt eine Situation, in der die Vp mit mehr oder weniger gegliedertem Reizmaterial optisch und/oder akustisch konfrontiert wird. Nach einiger Zeit wird sie gebeten, das Originalmaterial - nicht notwendig in derselben Ordnung - aus dem Gedächtnis zu reproduzieren. Die quantitative Bestimmung der Reproduktionsleistung bzw. der Intrusionen kann auf verschiedenen Ebenen erfolgen (Auszählen einzelner Wörter, Gedankengänge oder Sinnzusammenhänge, ganzer Sätze, oder Skalieren der gesamten Sequenz). Das inter-subjektiv eindeutigste Verfahren ist das Auszählen einzelner Wörter, wobei, wie KING (1960) an englischsprachigen Reproduktionen nachwies, keine wesentlichen Informationen verloren gehen. Er fand hohe positive Korrelationen zwischen sieben möglichen Zählverfahren für die freie Wiedergabe von Prosa-Texten.

Die Anwendung eines proportionalen Kennwertes ist nur dann sinnvoll, wenn die eingehenden Maßzahlen nicht überzufällig zusammenhängen. Aufgrund der Befunde der Voruntersuchungen (s.o.) erscheint diese Voraussetzung für Diktionsdistanzen in ausreichendem Maße erfüllt. Keine systematischen Zusammenhänge ließen sich zwischen der Anzahl richtig reproduzierter und zugefügter Wörter, sowie der Anzahl der zum Originalmaterial assoziierten Wörter erkennen.
Diktionsdistanz wird folgendermaßen ausgedrückt:

$$DD = \frac{I}{R + I} \times 100$$

I = zugefügte Wörter (Intrusionen)
R = richtig reproduzierte Wörter (Reproduktionen)

Für DD = o ergibt sich vollständige Übereinstimmung, für DD = loo vollständige Nicht-Übereinstimmung der Vorlage mit der Reproduktion. DD-Werte sollen mit Hilfe der freien Wiedergabe untereinander vergleichbarer Sprachproben für Jungen und Mädchen aus je einer von zwei Altersstufen und je einer von zwei Schichtengruppen ermittelt werden.

2.3 Auswahl der Sprachproben

Die als Vorlage auszuwählenden Sprachproben müssen im wesentlichen zwei Bedingungen genügen. Einerseits sollen sie hinsichtlich des Lernaufwands vergleichbar sein, das heißt sie müssen zumindest die gleiche Länge haben, zum andern sollen sie unserer Fragestellung entsprechend Sprachgewohnheiten widerspiegeln, die auf der Ebene der Umgangssprache verschieden weit voneinander entfernt sind.

Es erscheint sinnvoll, einmal auf die bestehenden sozialen Beziehungen innerhalb der Experimentalgruppe selbst zurückzugehen, das heißt die Sprachproben zum Teil aus der Gruppe zu entnehmen, und zum andern Texte aus einer sonst vergleichbaren Gruppe anderer Schichtzugehörigkeit auszuwählen und - nach entsprechender Zuordnung - als Vorlage darzubieten. Ferner sollen Sprachproben von Erwachsenen mit einbezogen werden. Die Einteilung der unabhängigen Variablen Sprachprobe wird somit über bestimmte soziale Beziehungen jeder einzelnen Vp zu den Verfassern der dargebotenen Texte definiert. Daraus folgt, daß der Wortlaut des Reizmaterials zwischen den Vpn variieren wird (vgl. dazu MANDLER u. PEARLSTONE in MANDLER, 1967).

Die sozialen Relationen betreffen:

1. den Freund bzw. die Freundin
2. den "Feind" bzw. die "Feindin"
3. ein andersgeschlechtliches Gruppenmitglied
4. einen Erwachsenen der gleichen sozialen Schicht
5. ein gleichaltriges und gleichgeschlechtliches Mitglied der jeweils anderen sozialen Schicht (Mittel- bzw. Unterschicht)

Das 1953 von MORENO eingeführte Verfahren zur Gewinnung quantitativer Daten über die affektive Struktur einer Gruppe beruht auf der Methode gegenseitiger Wahlen. Soziometrische Testverfahren werden durch die beiden Teilstücke Kriterium und Art der Wahl festgelegt (siehe SECORD u. BACKMAN, 1964). Meist wird nach der in einer bestimmten kooperativen Funktion bevorzugten Person gefragt.

Uns interessiert nicht die gesamte soziometrische Struktur der Gruppe, sondern lediglich die Freund/Feind-Verbindungen auf jeden einzelnen Schüler beschränkt. Die übrigen Sprachproben (3,5) entstammen ebenfalls dem Kollektiv der Sprachproben aus der Experimentalgruppe, werden aber, wie die Texte der Erwachsenen, zufällig zugeordnet. Das unter (4) aufgeführte Reizmaterial umfaßt die unter sonst gleichen Bedingungen entstandenen Aufsätze erwachsener Mittelschicht- und Unterschichtangehöriger. Alle Sprachproben stellen Aufsätze dar, die in einem Zeitraum von 20 Minuten verfaßt wurden. Um sich möglichst natürlich ausdrücken zu können, sollten die Vpn ihre Gedanken ohne ein vom Vl vorgegebenes Thema und ohne vorherige schriftliche Gliederung aufschreiben.

2.4 Attributive Variablen

(1) Entwicklungsstand

Die Altersstufe 11 bis 14 Jahre bezeichnet entwicklungspsychologisch die Zeit der beginnenden Adoleszenz (HURLOCK, 1967).
Sozialpsychologisch wird die zunehmende Orientierung an dem Normensystem der Gruppe Gleichaltriger und Gleichgesinnter erwartet, der eine allmähliche Lösung vom Elternhaus und eine Abwendung von den Erwachsenen zugeordnet ist. Während für den 11-jährigen noch Merkmale optimaler Anpassung an die schulische Lebensform angenommen werden (OERTER, 1968), macht sich immer mehr der Einfluß der "Peer Group" in Form von Druck nach Konformität und Suggestion bemerkbar.

(2) Geschlecht

Mädchen sollen, zumindest während der Adoleszenz für Peer-Einflüsse sehr viel empfänglicher sein als ihre Alterskameraden (HARTUP, 1970).

(3) Schichtenzugehörigkeit

Die Literatur enthält Schichtungsmodelle, die die Bevölkerung in zwei bis fünf Schichten unterteilen. Als Kriterien für Schichtenzugehörigkeit gelten: Berufsposition, Einkommen, Schulausbildung und Wohnverhältnisse.

Für unsere Untersuchung erscheint es ausreichend, ein dichotomes Modell (Unterschicht/Mittelschicht) anzunehmen; "dies steht in plausiblem Zusammenhang mit den berufsspezifischen Erfahrungen der Berufsgruppen und den daraus resultierenden typischen Zügen des Sozialcharakters" (ROLFF, 1967, S. 30).
Von den bekannten Indices für den sozialen Status einer Familie scheint der Beruf des Vaters die höchste Validität zu besitzen (HOLLINGSHEAD u. REDLICH, 1958). Darüber hinaus läßt er sich am ehesten objektiv feststellen (vgl. TRAUTNER, 1969). Der Zuordnung wurde daher die SSE-(Soziale-Selbsteinstufungs-)Skala von MOORE u. KLEINING (1959, 1960) zugrundegelegt[1] sowie als zweiter Index die Schulzugehörigkeit (Hauptschule bzw. Oberschule).

1) Die Definition der 9 Skalenpunkte findet sich im Anhang.

3. UNTERSUCHUNGSSTICHPROBE, UNTERSUCHUNGSPLAN UND DURCHFÜHRUNG DER VERSUCHE

3.1 Beschreibung der Stichprobe

Die Stichprobe umfaßt 60 Jungen und 60 Mädchen aus insgesamt 8 Schulklassen. Von den 120 Schülern gehört jeweils die Hälfte der Altersstufe 1 (10 bis 11 J.) bzw. der Altersstufe 2 (13 bis 14 J.) an, und jeweils die Hälfte besucht die Hauptschule und die Oberschule.
Eine Schulklasse gilt als Gruppe, in der sich soziometrische Strukturen feststellen lassen.
Die folgenden Tabellen zeigen die Werte für den sozialen Status, aufgegliedert nach dem Beruf des Vaters (s. Abschnitt 2.4) und der Schulzugehörigkeit:

Tabelle 1: Verteilung der Werte nach dem Beruf des Vaters und der Schulzugehörigkeit getrennt

Beruf des Vaters	Hauptschule	Oberschule	Total
1			
2		43	43
3		13	13
4		4	4
5	13		13
6	15		15
7	21		21
8	11		11
Total	60	60	120

Tabelle 2: Aufgliederung der Alterswerte nach Schichtzugehörigkeit und Geschlecht getrennt

	Altersstufe 1		Altersstufe 2		
LA	10	11	13	14	Total
US	7	23	9	21	60
MS	10	20	12	18	60
Total	17	43	21	39	120
Ju	8	22	9	21	60
Mä	9	21	12	18	60

3.2 Untersuchungsplan

Im folgenden wird der Untersuchungsplan anhand eines Flußdiagramms dargestellt, das an dieser Stelle kurz erläutert werden soll. Jede Vp (N = 120) nimmt an drei Versuchssituationen teil, von denen die erste den soziometrischen Test betrifft, an den sich das Verfassen eines Textes anschließt. Zu einem späteren Zeitpunkt (in der dritten Woche danach) erfolgt die Behaltensprüfung. Dieser letzte Teil besteht aus der Darbietung von fünf Sprachproben (in zufälliger Reihenfolge) und deren Reproduktion nach eingeschobenen Intervallen von etwa 4 Minuten. Aus den Rohdaten (Anzahl der wiedergegebenen Wörter) werden für jede Vp und jede Sprachprobe die DD-Werte nach der o.a. Formel berechnet.

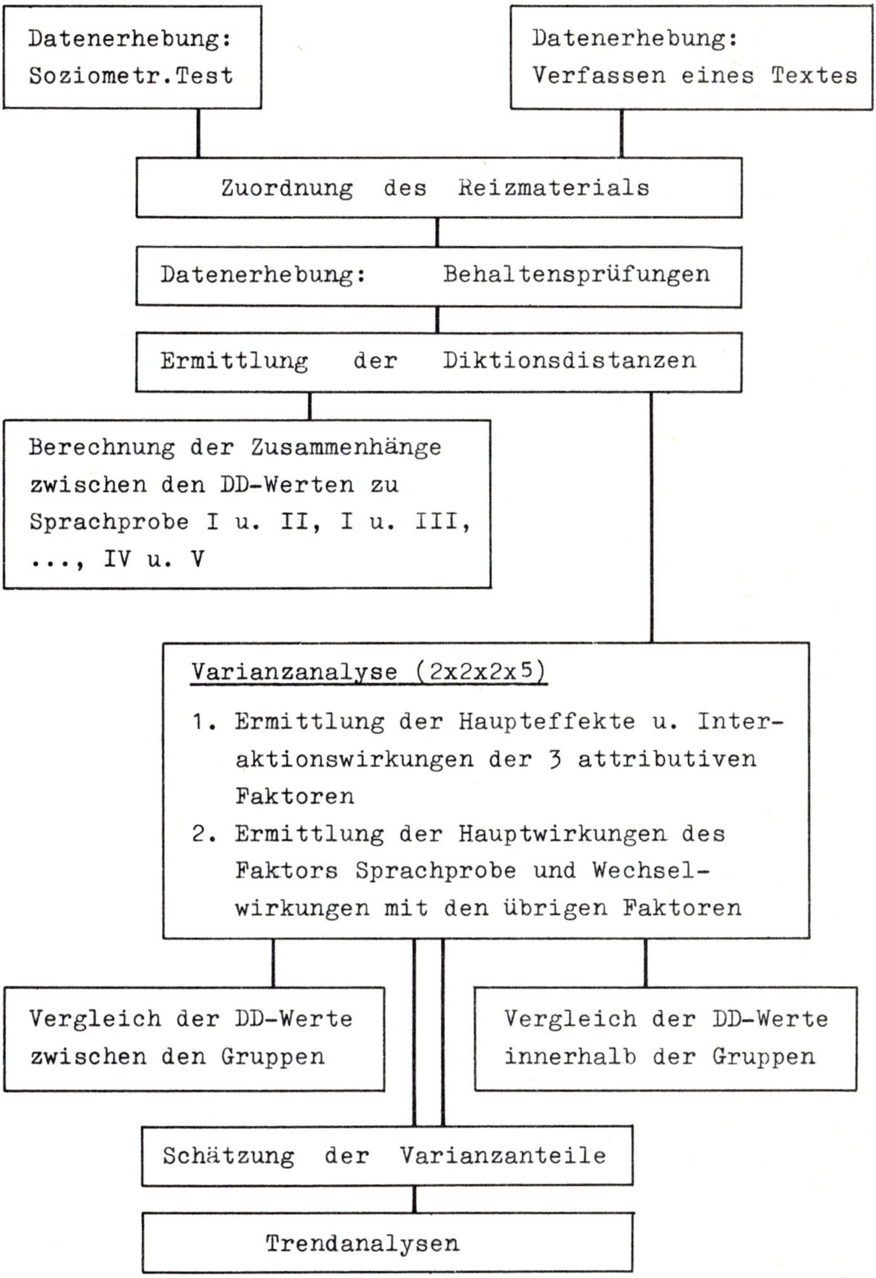
Datenerhebung: Soziometr.Test
Datenerhebung: Verfassen eines Textes
Zuordnung des Reizmaterials
Datenerhebung: Behaltensprüfungen
Ermittlung der Diktionsdistanzen
Berechnung der Zusammenhänge zwischen den DD-Werten zu Sprachprobe I u. II, I u. III, ..., IV u. V
Varianzanalyse (2x2x2x5)
1. Ermittlung der Haupteffekte u. Interaktionswirkungen der 3 attributiven Faktoren
2. Ermittlung der Hauptwirkungen des Faktors Sprachprobe und Wechselwirkungen mit den übrigen Faktoren
Vergleich der DD-Werte zwischen den Gruppen
Vergleich der DD-Werte innerhalb der Gruppen
Schätzung der Varianzanteile
Trendanalysen

3.3 Versuchsdurchführung

Die Datenerhebung erfolgte in zwei Abschnitten von Oktober 1970 bis April 1971 in insgesamt 8 Schulklassen einer simultanen Hauptschule und zwei gemischter Oberschulen in Darmstadt.

Im ersten Versuchsabschnitt wurde ein soziometrisches Verfahren angewendet und von jeder Vp ein Aufsatz verfaßt, dessen Thema zur Wahl freistand. Jeder Schüler erhielt zu Beginn drei leere DIN A 4-Blätter. Anschließend erzählte der Vl eine kleine Geschichte, die mit den Anweisungen für Art und Kriterium der soziometrischen Wahlen endete[1]. Die positiven und negativen Wahlen sollten auf gleichgeschlechtliche Klassenmitglieder beschränkt werden. Es wurde den Schülern gesagt, daß weder die Lehrer noch die Mitschüler die Namen der Gewählten erfahren würden. Nach schriftlicher Angabe der betreffenden Namen wurden die Schüler gebeten, einen kleinen Aufsatz zu schreiben, dessen Thema freigestellt war[2]. Der Vl sagte ihnen, daß sie für diese Aufsätze keine Zensuren bekämen und daß der Lehrer sie nicht sehen dürfte. Die Schüler hatten 20 Minuten Zeit.

Nach Durchsicht der Aufsätze, die in Bezug auf die Länge vergleichbar sind (Aufsätze, die zu viele Wörter enthielten, wurden ohne weitere inhaltliche Änderungen durch Wegstreichen der letzten Wörter gekürzt), konnte das Reizmaterial des zweiten Versuchsabschnitts für jeden einzelnen Schüler zusammengestellt werden. Das Reizmaterial setzt sich zusammen aus:

1. dem Aufsatz des positiv Gewählten
2. dem Aufsatz des negativ Gewählten (Abgelehnten)

---

[1] und[2] genauer Wortlaut der Instruktionen s. Anhang

3. dem Aufsatz eines gegengeschlechtlichen Klassenmitglieds
4. dem Aufsatz eines Erwachsenen gleicher Schichtzugehörigkeit
5. dem Aufsatz eines gleichgeschlechtlichen, gleichaltrigen Mitglieds der höheren bzw. niedrigeren sozialen Schicht

Als Erwachsenen-Sprachproben standen einige, unter sonst vergleichbaren Bedingungen verfaßte Aufsätze von Studenten und Arbeitern zur Verfügung.

Der zweite Abschnitt der Untersuchung erfolgte in der Regel drei Wochen später in kleineren Räumen, die die Schulleitungen zur Verfügung gestellt hatten. Vp und Vl saßen sich an einem Tisch gegenüber. Zur Einübung wurde zunächst ein kurzes Prosa-Stück akustisch vom Tonband dargeboten. Nach der Darbietung gab die Vp das Gehörte wieder. Danach wurde dem Schüler bzw. der Schülerin gesagt, daß sie einige solcher Texte hören würden, die sie jeweils so vollständig wie möglich wiedergeben sollten[1].

Um die Wirkung von Positionseffekten herabzusetzen, wurden die Aufsätze in variierter Reihenfolge dargeboten. Zwischen Darbietung und freier Wiedergabe der einzelnen Sprachproben legte der Vl den Schülern Ausschnitte des von SIDDIQI (1970) entwickelten Mands-Test vor, der keine verbalen Anweisungen enthält. Der so ausgefüllte Zeitraum umfaßte jeweils 4 bis 6 Minuten, so daß die Grenze des Kurzzeitgedächtnisses überschritten und die Möglichkeit zu stillen Wiederholungen weitestgehend unterbunden wurde. Die Wiedergabe wurde vom Vl schriftlich festgehalten und mit Tonband aufgezeichnet.

---

1) Der genaue Wortlaut der Instruktion findet sich im Anhang

Aufgrund entsprechender Vorversuche erscheint die akustische Darbietung und gesprochene Wiedergabe einerseits lebensnah, insofern als der größte Teil der Kommunikation über die gesprochene Sprache stattfindet und andererseits vorteilhaft für unsere Intention, möglichst ungehemmte Äußerungen zu bekommen, da der persönliche Kontakt mit dem Vl zum freien Sprechen ermutigt.

Jeder Einzelversuch dauerte etwa 50 bis 60 Minuten.

4. ERGEBNISSE

Es gilt im folgenden hinsichtlich der Sprachproben:
I (gewählter Alterskamerad), II (abgelehnter Alterskamerad), III (gegengeschlechtliches, gleichaltriges Gruppenmitglied), IV (Erwachsener), V (gleichgeschlechtlicher Alterskamerad aus einer anderen sozialen Schicht (Unterschicht bzw. Mittelschicht). Die Versuchsgruppe schlüsselt sich folgendermaßen auf:

Experimentalgruppen:

Geschlecht	Schicht	Alter	Gruppe	N
Jungen	US	Altersstufe 1	1	15
		Altersstufe 2	2	15
	MS	Altersstufe 1	3	15
		Altersstufe 2	4	15
Mädchen	US	Altersstufe 1	5	15
		Altersstufe 2	6	15
	MS	Altersstufe 1	7	15
		Altersstufe 2	8	15
Total				120

4.1 Behaltensprüfung

Die als Originalmaterial in die Behaltensprüfung eingeführten Sprachproben sind hinsichtlich der Länge vergleichbar. Sie umfassen im Mittel m = 112,18 Wörter (sd = 7,73). Zur Ermittlung der Diktionsdistanzwerte ist die Anzahl der in der freien Wiedergabe hinzugefügten Wörter (Intrusionen) durch die Gesamtzahl wiedergegebener Wörter (Reproduktionen) zu dividieren. Der Quotient wird mit 100 multipliziert. Nimmt diese Proportion den Wert 0 an, so bedeutet dies wortgetreue Wiedergabe der Sprachprobe, ein Wert von 100 kennzeichnet ein Reproduktionsprotokoll, das kein Wort des Originaltextes etnhält.

Die folgenden Abbildungen geben einen Überblick über die Diktionsdistanzwerte und die ihrer Berechnung zugrundeliegenden Reproduktionen und Intrusionen dargestellt in Mittelwerten nach Versuchsgruppen und Art der Sprachprobe getrennt.

Die Reproduktionen (vgl. Abb. 1)

Sowohl zwischen den Gruppen als auch innerhalb der einzelnen Gruppen sind erhebliche Abweichungen vom jeweiligen arithmetischen Mittel zu erkennen. Ein für alle Versuchsgruppen charakteristischer Verlauf der Reproduktionen über die einzelnen Sprachproben läßt sich nicht feststellen. Regelmäßig zeigt sich allerdings bei 7 der 8 Versuchsgruppen eine relative Abnahme der Reproduktionsleistungen in der Wiedergabe der Erwachsenen-Sprachproben. Hinsichtlich der Sprachproben der Gruppenmitglieder sowie der gleichaltrigen Mitglieder der jeweils anderen Schichtengruppe treten zwischen den Gruppen keine vergleichbaren Regelmäßigkeiten auf.

Die Intrusionen (vgl. Abb. 2)

Der Verlauf der Intrusionen über die fünf Sprachproben nimmt für alle Versuchsgruppen ähnliche Formen an. Die Reproduktionsprotokolle zu den Sprachproben der Gewählten und der Abgelehnten enthalten nur wenige hinzugefügten

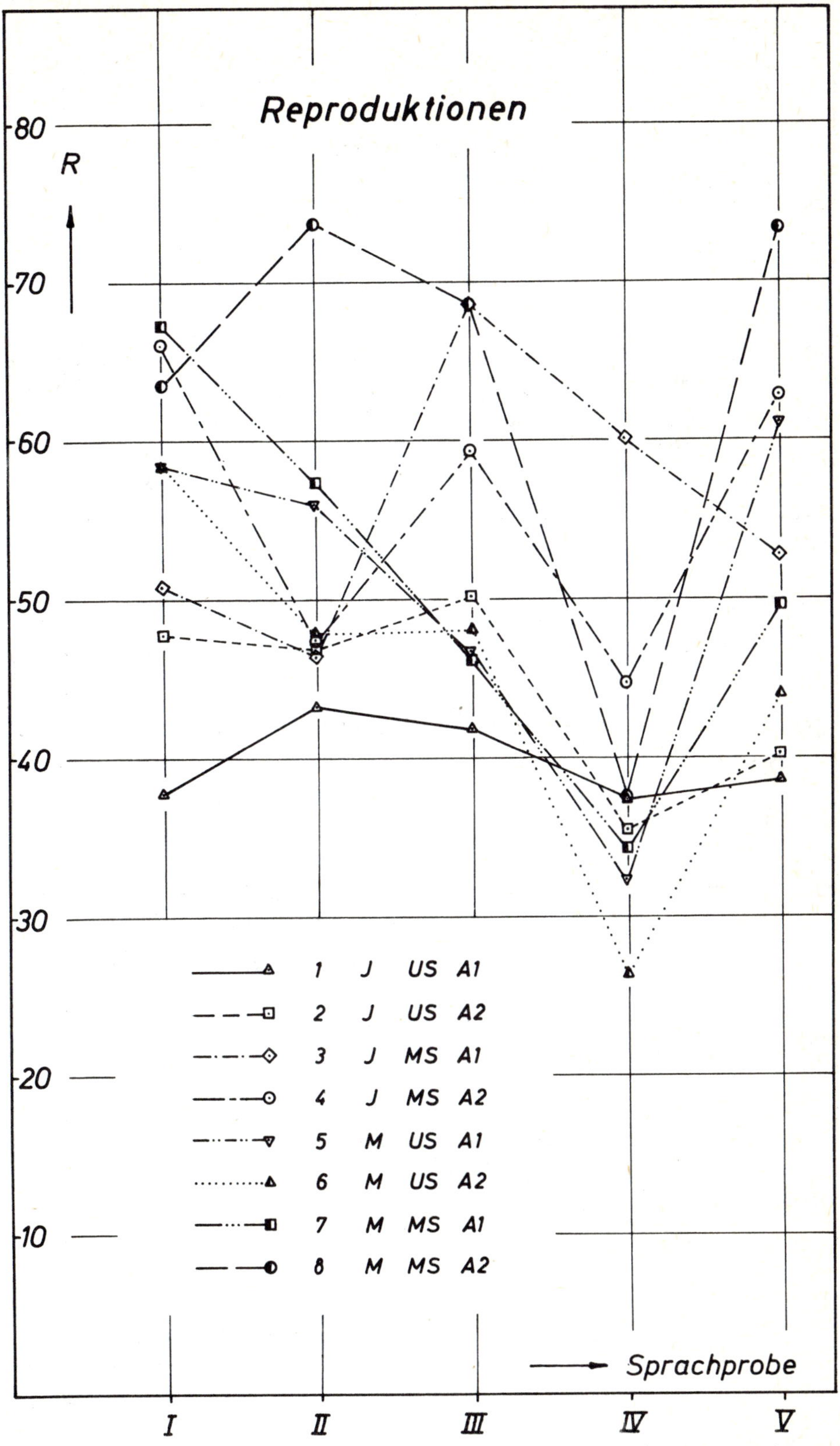

Abb. 1 Mittelwerte der wiedergegebenen Wörter (Reproduktionen) für 8 Versuchsgruppen und 5 Sprachproben

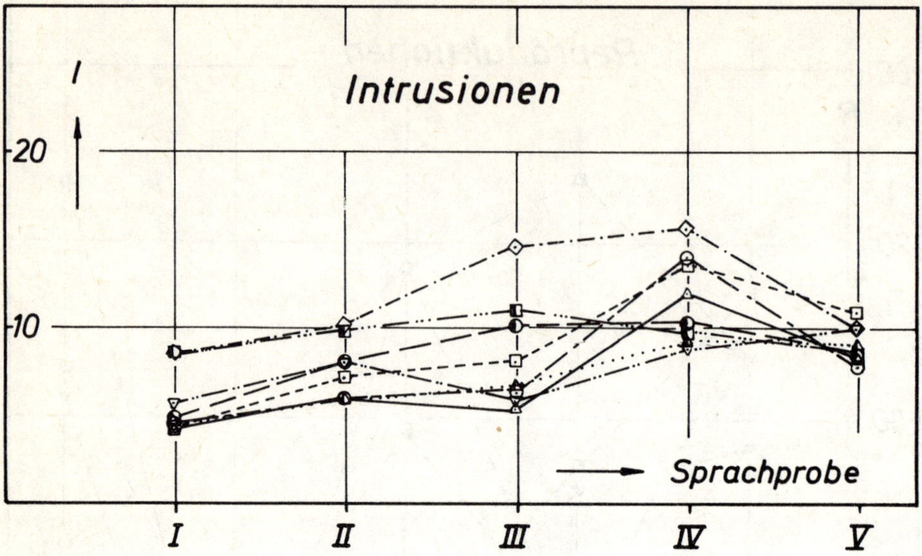

Abb.2 Mittlere Anzahl zugefügter Wörter (Intrusionen) für 8 Versuchgruppen und 5 Sprachproben

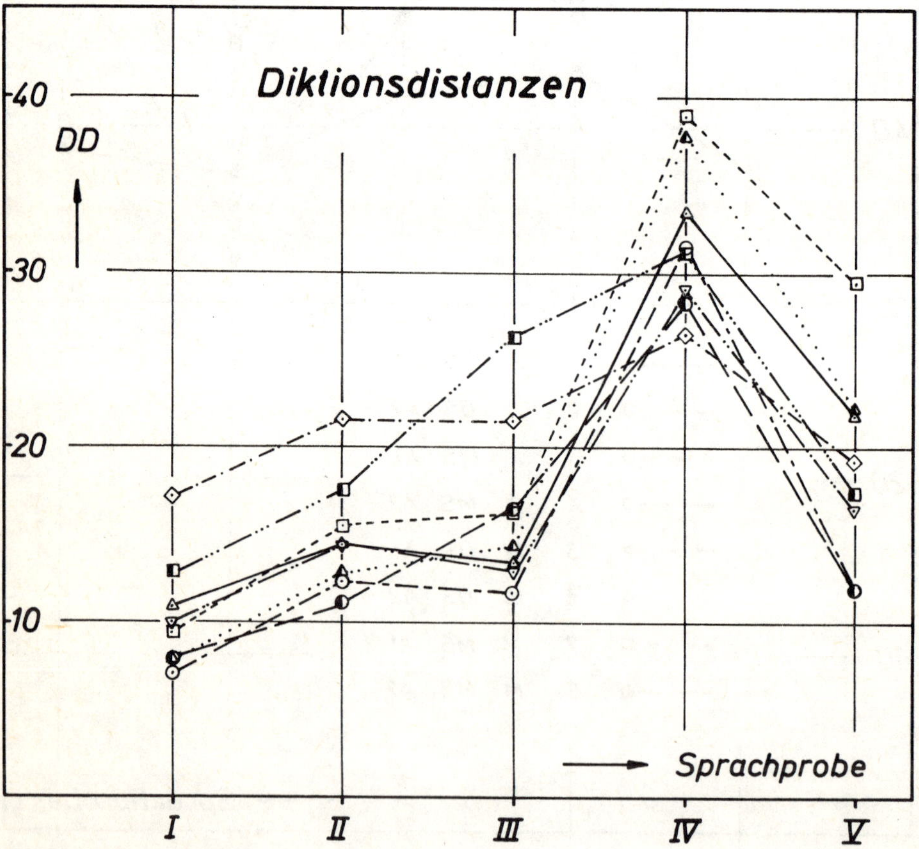

Abb.3 Mittelwerte der Diktionsdistanzen

Wörter, ebenso wie die zu den Aufsätzen der gegengeschlechtlichen Gruppenmitglieder. Der Intrusionsanteil steigt geringfügig an für die Sprachproben der Erwachsenen und der Angehörigen der jeweils anderen sozialen Schicht.

Der Verlauf der Reproduktionen und Intrusionen in Abhängigkeit der Sprachproben läßt sich sowohl für einzelne Gruppen als auch für alle Vpn gemeinsam nicht einheitlich beschreiben. Erst für ihr Verhältnis, die Diktionsdistanz, können Regelmäßigkeiten abgelesen werden, wie aus Abb. 3 hervorgeht

4.2 Zusammenhänge der Diktionsdistanzen zwischen ausgewählten Sprachproben-Arten

Die verschiedenen Sprachproben spiegeln unterschiedliche Sprechstile wider, die in der Lernumwelt des Schülers repräsentiert sind. Unter der Voraussetzung, daß sie bestimmte Punkte auf der angenommenen Skala Nähe bzw. Ferne der Diktion zur Diktion der jeweiligen Vp besetzen und der Annahme, daß die Proportion Intrusion zu Gesamtreproduktion diese Distanzen erfaßt, erwarteten wir einen Zusammenhang zwischen Sprachproben-Art und der abhängigen Variablen Diktionsdistanz. Diese Annahme soll anhand einer Varianzanalyse unter Einbeziehung der möglichen Variationsursachen Geschlecht, Entwicklungsstand und Schichtzugehörigkeit überprüft werden.

Da Unabhängigkeit der Gruppen und Vpn eine Voraussetzung für die varianzanalytische Behandlung von Meßwerten darstellt, muß zunächst gefragt werden, ob irgend zwei der fünf Meßreihen deutlich hohe gemeinsame Varianzanteile besitzen. Eine systematische Relation zwischen zwei Meßreihen hätte insofern Konsequenzen für die weitere Datenauswertung, als eine hinzukommende Varianz das Bild der Totalvarianz verändern würde und somit im folgenden berücksichtigt werden müßte.

Unter anderem müßten sich also im Idealfall Nullkorrelationen ergeben. Nach WINER (1962) sind geringe Korrelationen jedoch dann akzeptierbar, wenn es sich, wie hier, um einen Plan mit wiederholten Messungen der abhängigen Variablen unter kontrollierter Variation eines oder mehrerer Faktoren handelt.

Die errechneten (Produktmoment-) Korrelationskoeffizienten zwischen den fünf Meßreihen sind in Tab. 3 zusammengestellt.

Tab. 3: Matrix der Korrelationen zwischen den Diktionsdistanzwerten (N = 120)

Sprachprobe	I	II	III	IV	V
I		.53	.41	-.04	.19
II			.36	-.18	.17
III				.06	.09
IV					.17
V					

Für 7 der 10 Vergleiche liegen sehr geringe Korrelationen vor. Größere Zusammenhänge treten interessanterweise dann auf, wenn die Reproduktion der "gruppeninternen" Sprachproben in Frage steht. Die gemeinsame Varianz der DD_I (Diktionsdistanzwert zu Sprachprobe I) und DD_{II} (Diktionsdistanzwert zu Sprachprobe II) beträgt etwa 25 %, der DD_I und DD_{III} (Diktionsdistanzwert zu Sprachprobe III) etwa 16 % und der DD_{II} und DD_{III} etwa 12 %.
Es wäre demnach denkbar, daß die gruppeninternen Diktions-

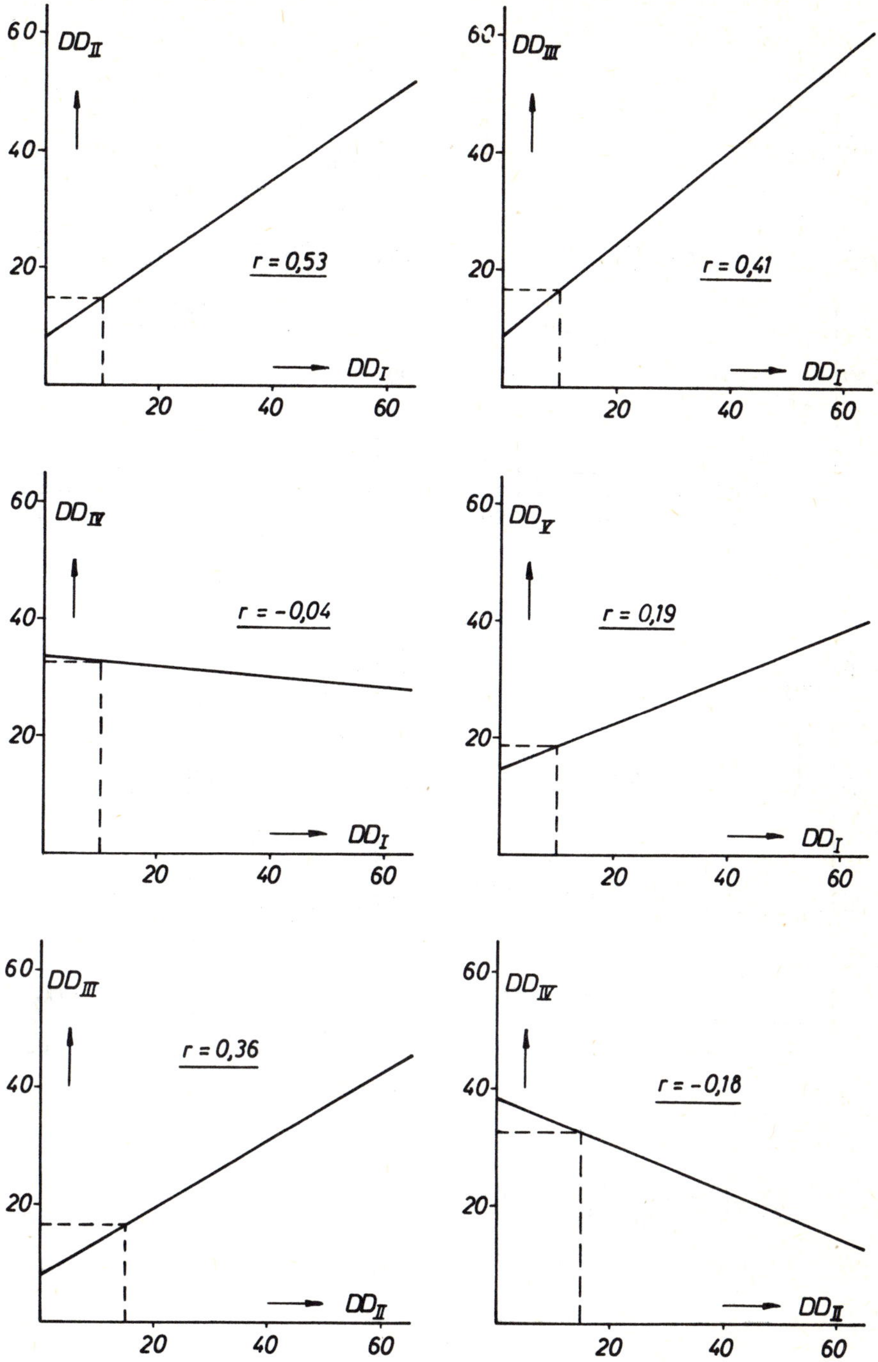
60
40
20
DD_{II}
r = 0,53
DD_{I}
20
40
60
60
40
20
DD_{III}
r = 0,41
DD_{I}
20
40
60
60
40
20
DD_{IV}
r = -0,04
DD_{I}
20
40
60
60
40
20
DD_{V}
r = 0,19
DD_{I}
20
40
60
60
40
20
DD_{III}
r = 0,36
DD_{II}
20
40
60
60
40
20
DD_{IV}
r = -0,18
DD_{II}
20
40
60

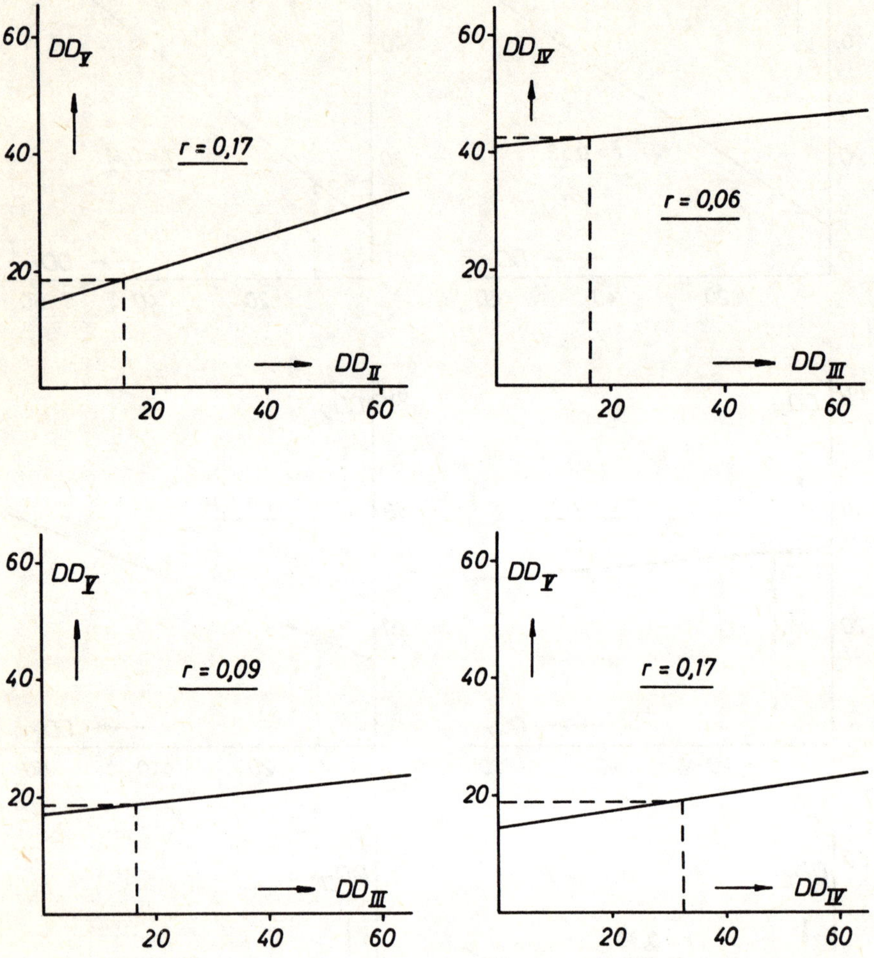

Abb. 4 Regressionsgeraden für die Zusammenhänge der Sprachproben

distanzen auf einem bestimmten Faktor höhere Ladungen aufweisen als die gruppenexternen.

Auf das Vorhandensein systematischer Zusammenhänge zwischen den einzelnen Meßreihen kann jedoch von diesen Daten her noch nicht geschlossen werden, was die in Abb. 4 dargestellten Regressionsgeraden verdeutlichen. Das den multifaktoriellen Plänen mit wiederholten Messungen auf einem Faktor zugrundeliegende Modell (vgl. HAYS, 1963, S. 456 ff., WINER, 1962, S. 105 ff., S. 298 ff.) kann daher auf unser Problem übertragen werden.

4.3 Die Wirkungen von Sprachprobe, Geschlecht, Entwicklungsstand und Schichtenzugehörigkeit auf Diktionsdistanz

Hypothesen

- Unter der Annahme, daß bestimmten, auf den Dimensionen Art und Häufigkeit der Interaktionen variierenden sozialen Beziehungen mehr oder weniger ähnliche Wahrnehmungs- und Auffassungsweisen zugeordnet sind, die sich in verschieden hohen Diktionsdistanzwerten audrücken, erwarten wir einen Einfluß des Faktors Sprachprobe - definiert durch Texte ausgewählter sozialer Partner - auf die abhängige Variable Diktionsdistanz.

- Soziale Einheiten von grundlegender Bedeutung für die Sozialisation des Heranwachsenden stellen die gleichgeschlechtlichen, gleichaltrigen Freundschaftspaare dar (vgl. BRODERICK, 1966). Häufige Interaktionen auf dem Hintergrund einer positiven Atmosphäre können für diese sozialen Beziehungen angenommen werden. Bei beiden Partnern bilden sich ähnliche Sprachgewohnheiten heraus, die das gegenseitige Sich-Verstehen erleichtern und verbessern. Zur Sprachprobe des Freundes bzw. der Freundin erwarten wir daher niedrigere DD-Werte als zu allen übrigen Sprachproben.

- Die Gruppe der Gleichaltrigen (peer group) wird in der Adoleszenz zum vorrangigen Sozialisationsvermittler, der Verhaltensnormen angibt und eine Art Prüffeld für adäquates Rollenhandeln darstellt (PARSONS, 1967, 55; EISENSTADT, 1956; E.Q. CAMPBELL, 1969; usw.). Für die Sprach-Sozialisation muß die Peer-Group schon nach dem 5. Lebensjahr als primärer Vermittler angesehen werden (vgl. LABOV, 1965). Freund, Feind und gegengeschlechtlicher Klassenkamerad geben Extreme der Beziehungen innerhalb der Gruppe an. Wir erwarten für die Sprachproben, die der Gruppe entstammen, niedrigere DD-Werte als für die gruppenexternen Sprachproben.

- Da die Adoleszenz eine Zeit ist, in der infolge der Abwendung von der Erwachsenen-Welt und der zunehmenden Orientierung an der Gruppe Gleichaltriger (HARTUP, 1970; E.Q. CAMPBELL, 1969) auch die Sprache der Jugendlichen von der der Erwachsenen abweichen wird, müßten die DD-Werte der Experimentalgruppe für die Erwachsenen-Sprachproben höher sein als für alle übrigen Texte.

- Mittelschicht- und Unterschichtangehörige sollen über unterschiedliche Sprachformen verfügen (vgl. BERNSTEIN, 1958, 1959, usw.; OEVERMANN, 1966; usw.). Aufgrund der Annahme, daß die Sprache der Mittelschicht für Angehörige der Unterschicht nur sehr schwer zugänglich ist, während die Sprachbarrieren von "oben" nach "unten" leichter durchbrochen werden können, sind schichtspezifische Unterschiede dann zu erwarten, wenn es um die Texte der Alterskameraden aus der jeweils anderen sozialen Schicht geht; die DD-Werte der Schüler aus der Unterschicht müßten in diesem Fall höher sein.

- Einige Autoren berichten über die Leistungsüberlegenheit der Mädchen auch im Schulalter bei manchen sprachlichen Funktionen (WELLMAN u.a., 1931; MACCOBY, 1966; BING, 1963; BENNETT u.a., 1959; usw.). Diese Überlegenheit läßt sich vermutlich im wesentlichen auf die Sozialsiationsbedingungen zurückführen, die für Mädchen immer noch die sozialen Bezüge in den Vordergrund stellen. Sie trifft daher sicher nicht für das Verständnis sprachlicher Bedeutungen zu, sondern allenfalls für den Bereich der kommunikativen Fähigkeiten. Dies müßte sich aber gerade auf die Diktionsdistanzen auswirken.

- Von den inkonsistenten Forschungsergebnissen zur Frage nach den altersbedingten Änderungen der freien Wiedergabe von Wörtern, Sätzen und Texten (BOUSFIELD u.a., 1958; KOPPENAAL u.a., 1964; LOCKARD u.a., 1961; WACHS, 1969) lassen sich keine konkreten Annahmen für Diktionsdistanz ableiten, was die Wirkung des Faktors Entwicklungsstand betrifft. Aufgrund der Arbeiten über die Verbesserung der Lernstrategien mit dem Alter (FLAVELL u.a., 1966; FLAVELL, 1970), der Schaffung eigener Lernhilfen (KINGSLEY u.a., 1969; ROSSI, 1964; BOUSFIELD a.a.O.), den zunehmenden Gebrauch verbaler Vermittler (JENSEN u. ROHWER, 1965) und der Tatsache, daß sich die sprachlichen Ausdrucksmittel mit dem Alter erweitern, ist aber zu erwarten, daß mit dem Alter die DD-Werte sinken werden. Allerdings könnte es infolge der zunehmenden und manchmal fast ausschließlichen Orientierung an der Peer Group (s.o.), die zum Teil auch durch die "Fernhaltung" der Jugendlichen von der Gesellschaft bedingt ist (vgl. WELLEK, 1950 bzw. 1966) im Hinblick auf die gruppenexternen Beziehungen zu einem gegenläufigen Effekt kommen.

- Wegen der vielfach in der Literatur aufgeführten schichtspezifischen Unterschiede, die sich in nahezu sämtlichen sprachlichen Funktionen ausdrücken sollen (McCARTHY, 1930;

DEUTSCH, 1963, 65; SCHULMAN u. HAVIGHURST, 1947; REICHWEIN, 1970; usw.), erscheint es sinnvoll und notwendig, die Variable Schichtenzugehörigkeit in die Untersuchung mit einzubeziehen. Denn gerade hier besteht die Möglichkeit, Ähnlichkeiten und Unterschiede zwischen Sprechstilen auszudrücken, ohne auf bestimmte Normen zurückgreifen zu müssen. Da in Bezug auf die Herausbildung von Sprachgewohnheiten, die die Kommunikation erleichtern, für Unterschicht und Mittelschicht ähnliche Erwartungen getroffen werden können, glauben wir, daß sich die Befunde hinsichtlich der Anordnung auf dem Kontinuum Sprachprobe zwischen den Schichtengruppen kaum unterscheiden werden, zumindest was die gruppeninternen DD angeht. Es stellt sich aber weiter die Frage, ob der Einfluß von Schichtzugehörigkeit auf die Werte für Diktionsdistanz ähnlich bedeutsam ist wie für unmittelbar sprachliche Leistungen.

Die Effekte der Faktoren Geschlecht, Entwicklungsstand, Schichtenzugehörigkeit und Sprachprobe wurden anhand einer 4-fachen Varianzanalyse mit gleichen Zellenbesetzungen (N = 15) überprüft, wobei auf dem Faktor Sprachprobe fünf Messungen für jede Vp vorliegen.

Der zur Berechnung benötigte statistische Plan ließ sich aus den 2- und 3-faktoriellen Varianzanalysen mit wiederholten Messungen ableiten (WINER, 1962, S. 298 ff.). Die gesamte Varianz wird aufgeteilt in die Varianz zwischen den Gruppen (Geschlecht, Entwicklungsstand und Schichtenzugehörigkeit) und innerhalb der Gruppen. Die letztere spaltet sich wiederum auf in die Varianz zwischen den experimentellen Behandlungen (Sprachprobenarten) und eine Rest- oder Fehlervarianz.

4.3.1 Varianzanalyse, geschätzte Varianzanteile

Tab. 4: Der Einfluß von Geschlecht (G), Entwicklungsstand (E), Schichtzugehörigkeit (S) und Sprachprobe (Sp) auf Diktionsdistanz

Var.ursache	SS	df	ms	F	p
Total	68041,74	599			
Effekte Zwischen	10142,68	119			
G (Geschl.)	170,55	1	170,55	2,97	<.05
E (E.stand)	350,05	1	350,05	6,1	<.01
S (Schichtzugkt.)	117,65	1	117,65	2,47	n.s.
G x E	0,65	1	0,65	<1,0	
G x S	306,87	1	306,87	5,34	<.01
E x S	2734,52	1	2734,52	47,58	<.001
G x E x S	25,42	1	25,42	<1,0	n.s.
Fehler z	6436,97	112	57,47		
Effekte Innerhalb	57899,06	480			
Sp (Sprachp.)	33791,86	4	8447,96	212,42	<.001
G x Sp	486,41	4	121,6	3,06	<.01
E x Sp	1800,89	4	450,22	11,32	<.001
S x Sp	2974,82	4	743,7	18,69	<.001
G x E x Sp	37,19	4	9,29	<1,0	n.s.
G x S x Sp	343,87	4	85,96	2,16	<.1
E x S x Sp	416,13	4	104,03	2,62	<.05
G x E x S x Sp	230,26	4	57,56	1,47	n.s.
Fehler i	178117,63	448	39,77		

Zähler für den F-Wert ist die entsprechende mittlere Quadratsumme (ms), Nenner der dazugehörige Fehler.

Geschätzte Varianzanteile

Hohe F-Werte lassen zwar auf Zusammenhänge der betreffenden unabhängigen Variablen mit der abhängigen Variablen schließen, der Grad dieser Relation kann jedoch nicht unmittelbar aus der Varianzanalyse abgelesen werden. Wir ermittelten die Varianzanteile (ω^2) nach dem von HAYS (1963, S. 382 ff., 406 ff.) vorgeschlagenen Verfahren. 83 % der Gesamtvarianz entfallen danach auf die Variation innerhalb der Gruppen ($\omega_{y/in} = .8323$). Der Faktor Sprachprobe erklärt davon ungefähr 58 % ($\omega_{y/Sp} = .5805$). Auf die Interaktion Sprachprobe x Schichtzugehörigkeit entfallen etwa 5 % ($\omega_{y/S \times Sp} = .049$), auf die Wechselwirkungen Sprachprobe x Entwicklungsstand 3 % und Sprachprobe x Geschlecht 0,5 %. Die restlichen Interaktionen reduzieren die Unsicherheit gemeinsam um etwa 3,5 %, so daß unsere Faktoren 70 % der Varianz innerhalb der Gruppen erklären.

Hingegen blieb der größte Teil der Varianz zwischen den Gruppen offen. Hier sind es 26 % der Varianz, die die Interaktion von Entwicklungsstand und Schichtzugehörigkeit erklären können, während auf die Interaktionen von Geschlecht und Entwicklungsstand sowie von Geschlecht, Entwicklungsstand und Schichtzugehörigkeit nur jeweils 0,5 % entfallen, ebenso wie auf den Faktor Schichtzugehörigkeit alleine.
Der Faktor Geschlecht erklärt 1 %, der Faktor Entwicklungsstand 3 % und die Interaktionswirkung von Geschlecht und Schichtzugehörigkeit 2 %.
Im folgenden soll vor allem die Frage nach den Unterschieden zwischen den Sprachproben und den Abhängigkeiten von den attributiven Faktoren zur Diskussion stehen.

4.3.2 Diktionsdistanzen und Sprachproben

Der hochsignifikante F-Wert für die Hauptwirkungen des Faktors Sprachprobenart bestätigt unsere Annahme, daß die Proportionen, gebildet aus Intrusionen und Reproduktionen in der freien Wiedergabe von Sprachproben aus verschiedenen Bereichen der Lernumwelt des Schülers unterschiedlich hohe Werte innerhalb sämtlicher experimenteller Untergruppen annehmen.

Die folgende Abbildung zeigt den Verlauf der DD über fünf Sprachproben gemittelt über die Geschlechts-, Alters- und Schichtengruppen. Im Gegensatz zu den vorangegangenen Abbildungen wird hier wie in den folgenden Darstellungen die Reihenfolge der Sprachprobenarten so gewählt, daß die Mittelwerte der Diktionsdistanz von links nach rechts ansteigen.

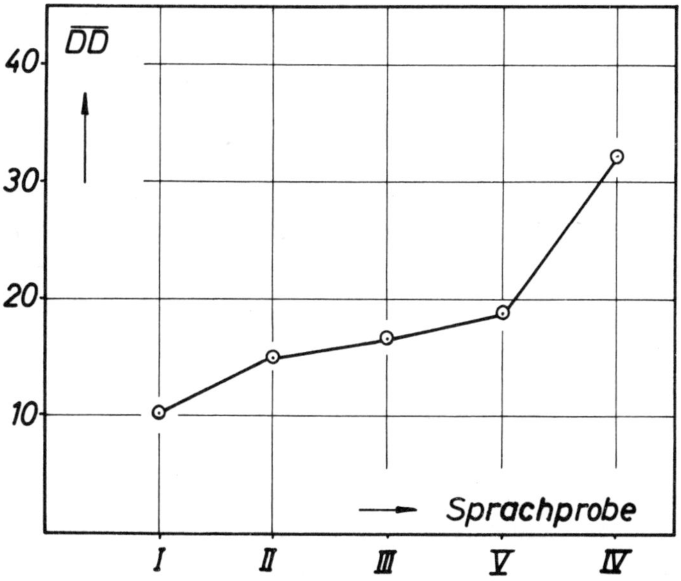

Abb. 5: Diktionsdistanzwerte zu ausgewählten Sprachproben (N = 120).

Gemittelt über die fünf Sprachproben ließ sich keine der Hauptwirkungen von Geschlecht, Entwicklungsstand und Schichtzugehörigkeit auf Diktionsdistanz mit α = .001 sichern. Auf dem 2,5 %-Niveau signifikant ist der Einfluß des Entwicklungsstandes. Der DD-Mittelwert der 10 bis 11jährigen ($\bar{x}_{DD}$ = 19,31) liegt geringfügig höher als der 13 bis 14jährigen ($\bar{x}_{DD}$ = 17,79). Ebenfalls nur gering sind die Differenzen zwischen den DD-Mittelwerten der Jungen und Mädchen ($\bar{x}_{DD}$ = 19,08 und $\bar{x}_{DD}$ = 18,02) sowie der US-Gruppe ($\bar{x}_{DD}$ = 18,99) und der MS-Gruppe ($\bar{x}_{DD}$ = 18,11).

Die Interaktionswirkungen zwischen Geschlecht und Schichtzugehörigkeit und Entwicklungsstand und Schichtzugehörigkeit lassen zunächst die Frage offen, ob sich die Effekte der geschlechtsspezifischen Variablen und der Variablen Entwicklungsstand, da sie für beide Schichtengruppen gegenläufige Wirkungen aufweisen, dann sichern lassen, wenn die Daten nach Schichtengruppen getrennt analysiert würden.

Eindeutig konnte hingegen der Einfluß der Sprachproben auf die abhängige Variable gesichert werden ($p < .001$; $F = 212{,}42$ für df 4/448). Ein relativ geringer Varianzanteil entfällt auf die Interaktion erster und zweiter Ordnung zwischen Sprachprobe und attributiven Variablen, von denen die zwischen Entwicklungsstand und Sprachprobe sowie von Schichtzugehörigkeit und Sprachprobe statistisch bedeutsam sind ($p < .001$). D.h. der Einfluß von Sprachproben nimmt für beide Altersgruppen und beide Schichtgruppen unterschiedliche Formen an.

Die folgenden Abschnitte enthalten eine differenziertere Betrachtung der Ergebnisse, wobei der Zusammenhang von Sprachprobe und Diktionsdistanz unserer Fragestellung entsprechend im Mittelpunkt stehen wird.

Die a posteriori Vergleiche zur Prüfung der Unterschiede zwischen den Meßreihen wurden nach dem multiplen Spannweiten-Test (vgl. WINER, 1962, S. 77 ff. bzw. EDWARDS, 1971, S. 154 ff.) durchgeführt. Aufgrund der oben formulierten Annahmen sind die Voraussetzungen für die Anwendung dieses Verfahrens auf alle 10 Mittelwerts-Differenzen erfüllt. Für die gruppeninternen Diktionsdistanzen erwarten wir eher niedrige Werte, während die gruppenexternen DD eher höher liegen werden. Die höchste Distanz war zur Diktion der Erwachsenen anzunehmen, die niedrigste zur Diktion des gleichaltrigen Freundes.
Die kritischen q-Werte für $p < .01$ unter Zugrundelegung der mittleren Quadratsumme des Versuchsfehlers innerhalb ($ms_{Fehler\ i}$ = 39,77) sind: 251,52; 284, 69; 304,04; 317,86.
Die folgende Tabelle zeigt die Differenzen der summierten DD-Werte zwischen den einzelnen Sprachproben.

Tab. 5: Unterschiede zwischen den Diktionsdistanzwerten zu ausgewählten Sprachproben (N = 120)

DD zu Sprachprobe	I	II	III	V	IV
I	-	559,9^{+}	753,0^{+}	1018,6^{+}	2673,4^{+}
II		-	193,1	458,7^{+}	2113,5^{+}
III			-	265,6^{+}	1920,4^{+}
V				-	1654,8^{+}
IV					-

Die mit $^{+}$ gekennzeichneten Werte beziehen sich auf Differenzen, die für $p < .01$ signifikant sind.

Die Reihenfolge von der geringsten zur höchsten Diktionsdistanz entspricht der Anordnung in Tab. 5. Lediglich die Differenzen zwischen Sprachprobe II und III sowie III und V bleiben über dem 1 %-Niveau, wobei das Ausmaß der letzteren noch relativ groß ist ($p < .05$).

Das Maß Diktionsdistanz scheint somit auf der Ebene der Umgangssprache in unserer Versuchsgruppe recht genau zu differenzieren. Mit großem Abstand den niedrigsten Wert auf der Skala Diktionsdistanz nimmt der Text des besten Freundes bzw. Freundin an (im Mittel 10,2), während die Texte des Feindes und des gegengeschlechtlichen Alterskameraden weiter von der eigenen Diktion entfernt sind (14,88 bzw. 16,48). Allgemein ist die Sprache der Gruppe dem einzelnen Schüler sehr viel besser verfügbar als die der Erwachsenen (13,9 bzw. 32,5). Der mittlere DD-Wert zur Sprachprobe des Alterskameraden der jeweils anderen sozialen Schicht liegt dazwischen (18,7), wobei der Abstand zu den DD der Erwachsenen-Texte den zu den gruppeninternen bei weitem überschreitet.

Die statistisch signifikanten Interaktionen erster Ordnung, mit dem Faktor Sprachprobe (Entwicklungsstand bzw. Schichtzugehörigkeit) ebenso wie die Wechselwirkung von Geschlecht und Sprachprobe bedeuten Verschiebungen in den zahlenmäßigen Relationen der DD-Werte zueinander, die jedoch, wie aus dem Verhältnis der F-Werte zu ersehen ist (vgl. Tab. 4), den aus den Mittelwerten abzulesenden Trend wenig verändern werden. Aus der graphischen Darstellung S. 52 geht hervor, daß die Mittelwerte einem zunächst ansteigenden und schließlich abfallenden, sequentiellen Trend folgen. Um zu klären, inwieweit der Durchschnittstrend linear ist, führten wir eine Trendanalyse durch (vgl. EDWARDS, 1971, S. 308 ff.), der die mittleren Diktionsdistanzen pro Sprachprobe der Größe nach zugrundegelegt werden können, da es nicht um eine die zufällig gewählte Versuchsfolge betreffende Aussage geht, sondern primär um die Zuordnung der ausgewählten Sprachproben zu bestimmten Punkten auf dem angenommenen Kontinuum.

Die Berechnung ergab: Der F-Wert für die Quadratsumme der linearen Komponente des Durchschnittstrends beträgt, unter Zugrundelegung des Versuchsfehlers innerhalb der Gruppen F = 705,98 (df 1/448) und ist für α = .001 signifikant, d.h. der Durchschnittstrend ist im wesentlichen linear. Die quadratische Komponente gibt Auskunft über eine mögliche Kurvatur im Durschnittstrend. Wenngleich die entsprechende Quadratsumme sehr viel niedriger liegt als für die lineare Komponente, ist der dazugehörige F-Wert (76,53 für df 1/448) ebenfalls signifikant. Neben dem linearen Trend besteht somit eine Kurvatur im Durchschnittstrend der Sprachprobenarten.

Aufgrund der Tatsache, daß sich zwischen den Gruppen Verschiebungen hinsichtlich der Abhängigkeiten von Sprachprobe und Diktionsdistanz beobachten ließen, worüber die Interaktionswirkungen Aufschluß gaben, ist zu prüfen, inwieweit die Trends zwischen den Gruppen differieren. Der F-Wert für die Wechselwirkung zwischen Gruppen und Sprachproben beträgt 5,65 (df 28/448). Der Trendverlauf ist somit für die 8 Gruppen von unterschiedlicher Form ($p < .001$). Nach Zerlegung der Quadratsumme für die Interaktion Gruppe x Sprachprobe in 7 lineare bzw. quadratische Komponenten wurde eine Varianzanalyse durchgeführt.

Tab. 6: Varianzanalyse mit den linearen und quadratischen Komponenten der Interaktionen der Faktoren Geschlecht, Entwicklungsstand und Schichtzugehörigkeit mit dem Faktor Sprachprobe

Var.ursache	SS	df	ms	F	p
Lineare Komp.					
G (Geschlecht)	0,03	1	0,03	$<1,0$	
E (Entw.stand)	1484,5	1	1484,5	37,33	$<.001$
S (Schichtzugkt.)	1313,99	1	1313,99	33,04	$<.001$
Rest	365,13				
Gruppen	3163,65				
Quadrat. Komp.					
G (Geschlecht)	2,37	1	2,37	$<1,0$	
E (Entw.stand)	292,25	1	292,25	7,35	$<.001$
S (Schichtzugkt.)	209,81	1	209,81	5,27	$<.025$
Rest	504,43				
Gruppen	3916,56				
Fehler i	17817,63	448			

Die Steigungen der Trendgerade sind für beide Altersgruppen und beide Schichtgruppen signifikant unterschiedlich ($p < .001$). Die Kurvaturen im Durchschnittstrend unterscheiden sich ebenfalls zwischen den Altersgruppen für $\alpha = .001$ und den Schichtengruppen für $\alpha = .025$.
Obwohl eine Analyse erst später im Zusammenhang mit den Hauptwirkungen der attributiven Variablen erfolgen soll, wurden die Ergebnisse aus Gründen der einheitlichen Darstellung an dieser Stelle mitgeteilt.

4.3.3 Diktionsdistanz und Geschlecht

Der Einfluß der geschlechtsspezifischen Variablen auf die Diktionsdistanz stellte sich als abhängig von der Schichtzugehörigkeit der Schüler heraus. Ihre Hauptwirkung konnte dagegen nicht unter dem 10 %-Niveau gesichert werden. Die folgende Abbildung verdeutlicht die Interaktion der Faktoren Geschlecht und Schichtzugehörigkeit bezogen auf die über sämtliche Sprachproben gemittelten DD-Werte.

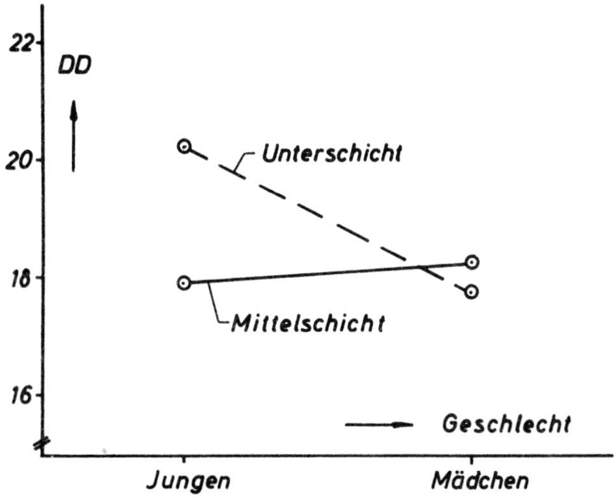

Abb. 6: Interaktion von Geschlecht und Schichtzugehörigkeit

Während die geschlechtsspezifische Variable für die Diktionsdistanzwerte der Mittelschicht-Gruppe weniger relevant ist, liegen die DD-Werte der Jungen in der Unterschicht-Gruppe sehr viel höher als die der Mädchen.
Da sich ferner eine Interaktionswirkung zweiter Ordnung zwischen Geschlecht, Schichtzugehörigkeit und Sprachprobe nachweisen läßt, erscheint es sinnvoll und notwendig,

die Wirkungen von Geschlecht und Entwicklungsstand nach Schichtengruppen getrennt weiter zu untersuchen.
Eine Varianzanalyse über den Einfluß von G = Geschlecht, E = Entwicklungsstand und Sp = Sprachprobe auf die Diktionsdistanzen der Unterschicht-Gruppe kam zu folgenden Ergebnissen:

Tab. 7: Der Einfluß von Geschlecht und Entwicklungsstand auf Diktionsdistanz (Unterschicht-Gruppe)

Var.ursache	SS	df	ms	F	p
Total	37619,5	299			
Effekte Zwischen	4217,32	119			
G (Geschlecht)	467,5	1	467,5	17,07	<.001
E (E.stand)	563,89	1	563,89	20,59	<.001
G x E	8,98	1	8,98	<1,0	
Fehler z	3176,95	116	27,39		
Effekte Innerhalb	33402,18	180			
Sp (Sprachp.)	23958,8	4	5989,7	120,42	<.001
Sp x G	284,92	4	71,23	1,43	n.s.
Sp x E	933,39	4	233,35	4,69	<.001
Sp x G x E	67,44	4	16,86	<1,0	
Fehler i	8157,63	164	49,74		

Die Reproduktionsprotokolle der Jungen spiegeln wesentlich höhere Diktionsdistanzen wider ($\bar{x}_{DD}$ = 20,24) als die der Mädchen ($\bar{x}_{DD}$ = 17,74). Dieser Unterschied gilt für beide Altersstufen gleichermaßen. Ferner läßt sich eine auf dem 0,1 %-Niveau signifikante Wirkung des Faktors Entwicklungsstand feststellen, insofern als die Schüler der Altersstufe 1 geringere Werte erreichen ($\bar{x}_{DD}$ = 17,62) als die Altersstufe 2 ($\bar{x}_{DD}$ = 20,36). Diese Differenz, nach Geschlechtsgruppen getrennt, ist wiederum für Jungen ($p < .001$) und für Mädchen ($p < .01$) signifikant. DD scheinen demnach, jedenfalls in der Unterschicht, zwischen 10/11 Jahren und 13/14 Jahren zuzunehmen, wobei die Differenz zwischen Jungen und Mädchen konstant bleibt. Interessanterweise sind es gerade die jüngeren Kinder, denen es offenbar leichter fällt, verschiedene Sprachproben adäquat zu reproduzieren, während die älteren diese Aufgabe schlechter lösen. Kein wesentlicher Unterschied besteht zwischen den Jungen und Mädchen hinsichtlich der Differenzen zwischen den einzelnen Meßreihen, d.h. der Trend über die Sprachproben verläuft ähnlich. Abbildung 7 zeigt die Verteilung der DD-Werte über fünf Sprachproben für Jungen und Mädchen getrennt.

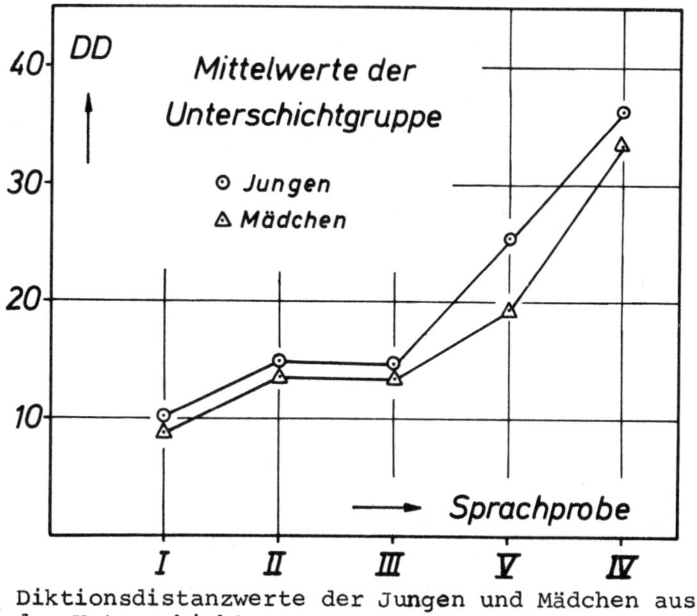

Abb. 7: Diktionsdistanzwerte der Jungen und Mädchen aus der Unterschicht.

Über die Sprache des Freundes bzw. der Freundin verfügen Jungen und Mädchen etwa gleich gut und insgesamt besser als über sämtliche anderen, hier repräsentierten Diktionen. Ebenfalls nur geringe geschlechtsspezifische Differenzen lassen sich in Bezug auf die Distanzen zu den beiden übrigen, gruppeninternen Diktionen beobachten. Ein größerer Unterschied zeigt sich in den Distanzen zu den Erwachsenen-Texten. Den Mädchen sind diese Diktionen eher zugänglich als den Jungen. Was die Diktionsdistanzen zu den Sprachproben aus der Mittelschicht-Gruppe angeht, so übertreffen die Mädchen bei weitem ihre männlichen Kameraden. Sie haben weniger Schwierigkeiten bei der Wiedergabe der Texte altersgleicher Mädchen als die Jungen bei der Reproduktion der Texte altersgleicher Jungen aus der Mittelschicht.

Zur Erklärung der durchgängig niedrigeren Diktionsdistanzwerte der Mädchen in Relation zu ihren Kameraden können, vereinfacht, zumindest zwei Hypothesen angeführt werden:

(1) Mächen sollen schon vom Zeitpunkt des Sprachbeginns an während der Kindheit und der Adoleszenz die Jungen in nahezu allen sprachlichen Funktionen übertreffen, was vermutlich durch eine endogene Komponente mitbedingt ist (OERTER, 1968). Da dies vor allem für solche Fähigkeiten zutrifft, die unter die Bezeichnung "verbal fluency" fallen, und Diktionsdistanz ein Maß darstellt, das diese Fähigkeit vermutlich mit erfaßt, müßten Mädchen auch hier besser abschneiden.

(2) Die von der Gesellschaft durch ihre Repräsentanten Eltern und Lehrer den Heranwachsenden vermittelten Normen definieren für Jungen und Mädchen unterschiedliche Merkmale (vgl. E.Q. CAMPBELL, 1969; WITKIN, 1969). Diese Normen betonen für Jungen eher Unabhängigkeit, Initiative und Leistung, für Mädchen eher

solche Attribute, die sich auf soziale Werte wie adäquates Verhalten in sozialen Situationen beziehen - zum Beispiel Zuwendung zum Anderen, Verträglichkeit und Liebenswürdigkeit - (vgl. MUSSEN u.a., 1956; ABERLE u. NAEGELE, 1952; usw.). Als emotionales Engagement und eher soziale Motivation bei Mädchen im Gegensatz zu Energie und bewußter Kontrolle bei Jungen macht sich dies schon in der Selbstwahrnehmung Jugendlicher bemerkbar (RONGVED, 1960). Als Resultat solcher Rollenanforderungen könnte es besonders bei Mädchen zu verstärktem Interesse an den Kommunikationsmöglichkeiten generell und damit zu mehr Flexibilität und Gewandtheit im Einsatz sprachlicher Mittel kommen.

Da der geschlechtsspezifische Unterschied weniger die gruppeninternen als die Distanzen zu Diktionen außerhalb der Gruppe betrifft, kann eine stärkere Gruppenbezogenheit der Mädchen von unseren Daten her nicht bestätigt werden. Wir glauben eher, daß für Mädchen allgemein eine größere Bedeutsamkeit mitmenschlicher Beziehungen auch außerhalb der Gruppe angenommen werden kann (vgl. auch ANGELINO, 1956; ADAMS, 1964; HARTUP, 1970), während für heranwachsende Jungen die sozialen Kontakte mehr auf die Peer Group beschränkt bleiben (zur Bedeutung der Peer Group als Bezugssystem für Jungen s.v.a. SHERIF, 1947). Daß Popularität und Akzeptiertwerden für Mädchen wichtiger sind als für Jungen (DOUVAN u. ADELSON, 1966), stellt einen zusätzlichen Gesichtspunkt dar und unterstützt die Interpretation im Sinne der zweiten, sozialpsychologischen Hypothese.

Für eine sozialpsychologische Interpretation der gefundenen Unterschiede spricht auch die Tatsache, daß der Einfluß der geschlechtsspezifischen Variable auf Diktionsdistanz von der Schichtzugehörigkeit der Vpn abhängt. Interaktionswirkungen dieser beiden Variablen wies schon YOUNG (1942) nach.

Seine Untersuchung, die sich allerdings nur auf einen kleinen Ausschnitt der Sprachentwicklung beschränkte, zeigte größere geschlechtsspezifische Sprachunterschiede bei Kindern aus Elternhäusern mit niedrigem sozialen Status als bei Kindern höherer Schichten. Dieses Ergebnis bestätigte MOORE (1968) an einer relativ großen Stichprobe.

Inwieweit auch in der Mittelschicht-Gruppe ein Zusammenhang von Geschlecht und Diktionsdistanz besteht, darüber soll die im folgenden dargestellte Varianzanalyse über die Faktoren G = Geschlecht, E = Entwicklungsstand und Sp = Sprachprobe Auskunft geben.

Tab. 8: Der Einfluß von Geschlecht, Entwicklungsstand und Sprachprobe auf Diktionsdistanz (Mittelschicht-Gruppe)

Var.ursache	SS	df	ms	F	p
Total	30304,6	299			
Effekte Zwischen	5807,69	119			
G (Geschl.)	9,93	1	9,93	$<1{,}0$	
E (E.stand)	2520,67	1	2520,67	89,7	$<.001$
G x E	17,09	1	17,09	$<1{,}0$	
Fehler z	3260,0	116	28,1		
Effekte Innerhalb	24496,9	180			
Sp (Sprachp.)	12810,06	4	3202,52	54,22	$<.001$
Sp x G	543,22	4	135,81	2,3	$<.1$
Sp x E	1281,5	4	320,38	5,42	$<.001$
Sp x G x E	176,79	4	44,2	$<1{,}0$	
Fehler i	9685,33	164	59,06		

Eindeutig sichern ließen sich die Effekte von Entwicklungsstand ($p < .001$) und Sprachprobe ($p < .001$), nicht aber von Geschlecht. Eine Wechselwirkung von Geschlecht und Entwicklungsstand ließ sich ebenfalls nicht beobachten. Allerdings besteht eine schwache Interaktion zwischen Sprachprobe und Geschlecht, das heißt die Differenzen zwischen den Meßreihen nehmen für Jungen und Mädchen geringfügig unterschiedliche Werte an. Abb. 8 zeigt die Verteilung der DD-Werte über fünf Sprachproben für Jungen und Mädchen der Mittelschicht-Versuchsgruppe getrennt.

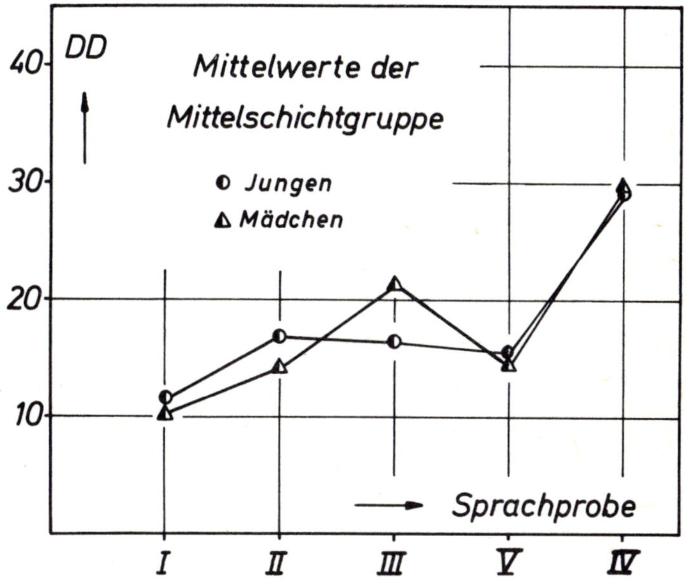

Abb. 8: Diktionsdistanzwerte der Jungen und Mädchen aus der Mittelschicht.

Nur geringe geschlechtsspezifische Unterschiede weisen die Distanzen zu der in Sprachprobe I enthaltenen Diktion des Freundes bzw. der Freundin und zur Diktion des Alterskameraden bzw. -kameradin aus der Unterschicht auf.

Erstaunlicherweise weichen die DD-Werte zum Text des gegengeschlechtlichen Alterskameraden stark voneinander ab. Während die Jungen etwa ebenso häufig mit ihren Feinden wie mit Mädchen zu sprechen scheinen, verstehen Mädchen ihre männlichen Kameraden sehr viel schlechter. Auch die Erwachsenen-Sprache bereitet den Mädchen mehr Schwierigkeiten. Da dem Einfluß von Entwicklungsstand gegenüber der Wirkung von Geschlecht auf die abhängige Variable mehr Bedeutung zukommt (s. Tab. 8), wollen wir die Altersunterschiede in der Interpretation mit berücksichtigen. Die Verteilung der Distanzen in Abb. 8 bezieht sich auf die über beide Altersstufen gemittelten Werte; wir nehmen deshalb die in Abb. 3 nach einzelnen Gruppen dargestellten Verteilungen hinzu.

Was die Distanzen zwischen eigener und der Diktion des Freundes angeht, so nehmen die Werte der Jungen extreme Positionen an. Auffallend hohe Distanzwerte in Bezug auf die Sprachgewohnheiten innerhalb der Gruppe kennzeichnen den Verlauf der 10 bis 11jährigen Jungen im Vergleich zu sehr geringen Distanzen vor allem zu den Diktionen der Mädchen aber auch zu den Texten gleichaltriger Mitglieder der Unterschicht bei 13 bis 14jährigen Jungen. Interessanterweise haben die Mädchen, vor allem die jüngeren, große Schwierigkeiten bei der Reproduktion "männlicher" Texte (s.o.), während Jungen über die Sprache der Mädchen ebensogut oder sogar besser (Altersstufe 2) verfügen als über die des Abgelehnten. Dieser Befund überrascht insofern, als für Mädchen infolge bestimmter Rollenanforderungen mehr soziales Interesse anzunehmen war als für Jungen. Eine Ursache dafür könnte allerdings in Ressentiments der Mädchen in den ersten Jahren der Adoleszenz gegenüber dem anderen Geschlecht zu suchen sein, die MUSSEN u.a. (1956) als Folge einer Art Statusneid interpretieren. Eine andere Erklärung legt der auf Mädchen der Mittelschicht ausgeübte, starke Sozialisierungsdruck nahe, der in zunehmender Bindung an die gleichaltrige Freundin resultieren könnte.

Bemerkenswert sind ferner die relativ hohen Werte der Altersstufe 1 hinsichtlich der Sprachprobe des abgelehnten Klassenkameraden, besonders wenn man die Befunde der Unterschicht-Gruppe zum Vergleich heranzieht. Quintaner, die sich nicht mögen, scheinen sehr wenig miteinander zu sprechen.

Der Schwierigkeitsgrad der Diktionen Erwachsener gleicher Schichtzugehörigkeit ist für Jungen und Mädchen der Altersstufe 2 sowie für Mädchen der Altersstufe 1 vergleichbar. Jungen der Altersstufe 1 können diese Texte recht gut wiedergeben, was umso mehr erstaunt, als die übrigen Distanzen dieser Gruppen über den Gruppen-Mittelwerten liegen. In diesem Alter scheinen Jungen der Mittelschicht in ihren Wahrnehmungs- und Auffassungsweisen weniger unter dem Einfluß der Peer Group als vielmehr unter dem des Elternhauses zu stehen, wie überhaupt "das Kind der Mittelklasse in weitaus stärkerem Maße in einer von den Eltern strukturierten Welt lebt, was sich aber nicht als Verhalteinengung, sondern als Anregung für das Kind ... äußert" (EWERT, 1966, S. 65).

Zur Sprache der Alterskameraden aus der Unterschicht haben Jungen und Mädchen beider Altersstufen recht guten Zugang und zwar eher als die Schüler der Unterschicht-Gruppe zu ihren Diktionen. Eine Ausnahme bildet die Gruppe der 10 bis 11jährigen Mädchen der Unterschicht. Ihnen ist die Sprache ihrer Alterskameradinnen aus der Mittelschicht ebenso gut verfügbar wie umgekehrt jenen ihre Sprache.

Zusammenfassend zeigen die Ergebnisse der Varianzanalysen über die Schichtengruppen getrennt, daß der Einfluß der geschlechtsspezifischen Variablen auf Diktionsdistanz nur für die Unterschicht-Gruppe gilt. Daß sich zudem deutlich weitere Diktionsdistanzen der Jungen dieser Gruppe im Vergleich zu den Mädchen lediglich zu gruppenexternen Sprachproben feststellen ließen, legte eine sozialpsychologische Interpretation dieses Befundes in Begriffen der für Jungen und Mädchen dieser Schichtengruppe unterschiedlichen Rollenanforderungen nahe.

4.3.4 Diktionsdistanz und Entwicklungsstand

Gemittelt über beide Geschlechtsgruppen, beide Schichtengruppen und fünf Sprachprobenarten, konnte der Effekt von Entwicklungsstand auf die Diktionsdistanz nicht unter dem 2,5 %-Niveau gesichert werden, wie aus Tabelle 4 hervorgeht. Diese Variable weist für beide Schichtengruppen gegenläufige ($p < .001$) und nach Aufgliederung für beide hochsignifikante Wirkungen ($p < .001$) auf (s. Tab. 7 u. 8). In der Mittelschicht-Gruppe nehmen die mittleren DD-Werte von 21,0 in der Altersgruppe 1 bis 15,2 in der Altersgruppe 2 ab, während in der Unterschicht-Gruppe umgekehrt die Distanzen von 17,6 für die Jüngeren auf 18,7 für die Älteren geringfügig ansteigen. Abbildung 9 verdeutlicht die Interaktionswirkung von Schichtzugehörigkeit und Entwicklungsstand bezogen auf den Mittelwert.

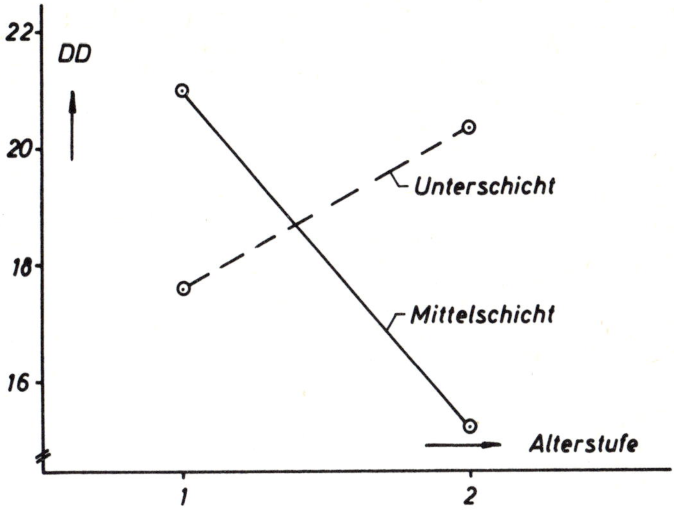

Abb. 9: Diktionsdistanz der Altersstufen 1 und 2 nach Schichtenzugehörigkeit getrennt.

Die Ergebnisse der Trendanalyse sowie der auf dem 0,1 %-Niveau signifikante F-Wert der Interaktionswirkung zwischen Entwicklungsstand und Sprachprobe zeigten, daß einige Differenzen zwischen den DD-Werten der Jüngeren und Älteren auch auf dem Niveau der einzelnen Sprachproben innerhalb beider Schichtengruppen bestehen. In Tabelle 9 wurden die entsprechenden Mittelwerte zusammengestellt.

Diese Differenzen, in der Unterschicht-Gruppe hinsichtlich der gruppeninternen Diktionsdistanzen noch relativ gering, steigen steil an, wenn es um die Verfügbarkeit der Erwachsenen-Texte geht. Die Reproduktionsprotokolle der älteren Jungen und Mädchen von beiden gruppenexter-

Tabelle 9: Verteilung der Diktionsdistanzwerte nach Altersstufen getrennt (Unterschicht-Gruppe) N = 60.

LA	I	II	III	IV	V	Gesamt
10-11	10,36	14,38	13,03	31,36	19,03	17,63
13-14	8,62	14,09	15,11	38,26	25,74	20,36

nen Sprachproben reflektieren die innerhalb sämtlicher Gruppen höchsten Distanzen. Die 10 bis 11jährigen Schüler scheinen besseren Zugang sowohl zu der Sprache der Erwachsenen als auch zu der der Mittelschicht-Gruppe zu haben als die 13 bis 14jährigen. Die gruppeninternen Differenzen lassen sich nur als Tendenzen interpretieren. Der Text des Abgelehnten wird von beiden Altersgruppen etwa gleich gut reproduziert, wohingegen der Text des gegengeschlechtlichen Alterskameraden im Vergleich dazu von Altersgruppe 1 besser, von Altersgruppe 2 mit höheren Intrusionsanteilen wiedergegeben wird.

Insgesamt streuen die DD-Werte der Altersgruppe 2 zwischen gruppenexternen und gruppeninternen Sprachproben breiter als die der jüngeren Schüler und Schülerinnen, was darauf hindeutet, daß sich die Diktionen von 13 bis 14jährigen durch gewisse gruppenspezifische Merkmale auszeichnen, wie sie in ihrer Ausgeprägtheit bei 10 bis 11jährigen noch nicht vorzufinden sind. Daß den älteren Schülern die Sprache des gegengeschlechtlichen Alterskameraden nicht so gut zugänglich ist wie den jüngeren, könnte als Hinweis dafür gelten, daß sich das soziale Interesse der 13 bis 14jährigen hauptsächlich auf den gleichgeschlechtlichen Partner konzentriert, während der

Faktor Geschlecht bei den jüngeren Schülern in Bezug auf ihre Bereitschaft zur Interaktion noch relativ unbedeutend ist.

Die über Alter eindeutig zunehmenden Distanzen zu den Erwachsenen-Diktionen lassen sich i.S. der vielfach beobachteten Veränderungen des Verhältnisses der Jugendlichen zu den Erwachsenen in der Adoleszenz interpretieren (vgl. H. HETZER, 1927; GESELL, 1964; OERTER, 1968; MUSSEN u.a., 1956), die sich als Ablehnung elterlicher Normen bzw. Opposition gegen Erwachsene allgemein ausdrücken können (vgl. ISAACS, 1933; GALLAGHER u. HARRIS, 1964; E.Q. CAMPBELL, 1969). Dafür spricht auch das Ergebnis TRAUTNERs (1969), der eine Abnahme elternzentrierter Einstellungen bei heranwachsenden Mädchen fand.

Unsere Befunde machen es wahrscheinlich, daß mit der allmählichen Abwendung von der Primärgruppe und der zunehmenden Orientierung an der Gruppe Gleichaltriger, der AUSUBEL (1965) vorrangige Sozialisationsfunktionen in der Reifezeit zuschreibt, die Wahrnehmungs- und Erlebnisweisen der Gruppe und ihre Sprechstile übernommen werden. Daß gleichzeitig der Einfluß der Familie zurücktritt, erhellt schon daraus, daß die Jugendlichen gewöhnlich außer dem Zusammensein in der Schule die meiste freie Zeit mit dem besten Freund und/oder innerhalb ihrer Gruppe verbringen.

Was die Mittelschicht-Gruppe angeht, so liegen die DD-Werte der Jüngeren unabhängig vom Geschlecht deutlich höher als die der Älteren ($\bar{x}_{DD}$ = 21,0 bzw. $\bar{x}_{DD}$ = 15,21). Der für beide Altersgruppen unterschiedliche Verlauf über die Sprachproben geht aus Abb. 3 hervor. Die weitesten Distanzen lassen sich auch in diesem Fall zu den Diktionen Erwachsener feststellen. Nur tritt hier kein wesentlicher Altersunterschied auf. Während in der Unterschicht-Gruppe die mittlere Distanz in Spalte I mit dem Entwicklungsstand nur um etwa zwei Skalenpunkte abnimmt, verringert sich hier die Distanz zur Diktion des Freundes von Altersgruppe 1 zu 2 um mehr als die Hälfte der Strecke. Die älteren Jungen und Mädchen könnten ihre eigenen Aufsätze kaum besser wiedergeben als die ihrer Freunde.

Die Distanzen zur Diktion des abgelehnten und des gegengeschlechtlichen Gruppenmitglieds steigen demgegenüber in beiden Altersgruppen stark an. Die Sprache ihres Feindes und vor allem die eines Jungen bzw. Mädchens scheinen für die 10 bis 11jährigen Mädchen bzw. Jungen recht schwer verständlich zu sein. Die außerordentlich hohen Werte in den die Sprachproben der Klassenkameraden betreffenden Spalten weisen auf einen wenig einheitlichen Sprechstil in dieser Altersgruppe hin. Interessant ist nun, daß die Tendenz zu relativ geringen Distanzen im Hinblick auf die Diktion der Unterschicht-Angehörigen, die in Altersgruppe 1 schon beobachtbar ist, in Altersgruppe 2 noch deutlicher wird. Der entsprechende mittlere Distanzwert unterscheidet sich kaum von der Distanz zur Diktion des Abgelehnten. Damit finden wir zumindest für die Altersgruppe 2 die Hypothese bestätigt, daß die Sprache der Unterschicht für Angehörige der Mittelschicht verfügbarer ist als umgekehrt die Diktion der Mittelschicht für Mitglieder der Unterschicht.

Die Gegenläufigkeit des Alterstrends für beide Schichtengruppen wirkt sich in besonderem Maße auf die gruppenexternen DD-Werte aus, während die gruppeninternen weniger differieren. Zusammenfassend zeigen die Befunde, daß die Variable Entwicklungsstand nach Aufgliederung in Schichtengruppen signifikante und gegenläufige Wirkungen aufweist. Während die DD-Werte der Schüler aus der Mittelschicht zwischen dem 10/11 und 13/14 Lebensjahr sinken, nehmen die Distanzen vor allem zu den Diktionen von Personen, die außerhalb der Gruppe stehen, der Kinder von Unterschicht-Eltern im gleichen Zeitraum zu.

4.3.5 Diktionsdistanz und Schichtzugehörigkeit

Wir haben gesehen, daß sich nach Aufgliederung in Schüler- und Schülerinnengruppen einerseits und Altersgruppen andererseits je gegenläufige, zum Teil hochsignifikante Effekte des Faktors Schichtzugehörigkeit sichern lassen, während die schichtspezifischen Differenzen der gesamten Gruppe, ausgemittelt über die übrigen Faktoren, kaum ins Gewicht fallen (vgl. Tab. 4). Schichtzugehörigkeit, auf Diktionsdistanz bezogen, wirken sich für Jungen anders aus als für Mädchen, für die jüngeren Schüler anders als für die älteren.

Die a posteriori Vergleiche der summierten DD-Werte erbrachte für die gesamte Gruppe nur eine Differenz (Sprachprobe V), die dem 0,1 %-Niveau genügt. Daß die Jugendlichen der Mittelschicht recht guten Zugang zur Sprache gleichaltriger Unterschicht-Angehöriger haben, was umgekehrt weniger zutrifft, bestätigt die mehrfach erwähnte Annahme BERNSTEINs. Um die sich an die Interaktionswirkungen von Geschlecht bzw. Entwicklungsstand und Schichtzugehörigkeit anknüpfende Frage weiter zu verfolgen, welche Unterschiede bezogen auf die DD-Werte zwischen den Gruppen auftreten, wurden die beiden entsprechenden a posteriori Vergleichsberechnungen unter Zugrundelegung der mittleren Quadratsumme des Versuchsfehlers zwischen den Gruppen (57,47) angestellt.
Die beiden folgenden Tabellen enthalten die Differenzen mit dem Kennzeichen $^+$ für signifikante Unterschiede (α = .01).

Tab. 10: Vergleich der DD-Unterschiede zwichen Jungen und Mädchen beider Schichten.

	M US	J MS	M MS	J US
Total	2661,7	2688,8	2743,4	3036,2
M US		27,1	81,7	374,5+
J MS			54,6	347,4+
M MS				292,8+
J US				

Tab. 11: Vergleich der DD-Unterschiede zwischen 10 bis 11jährigen und 13 bis 14jährigen Schülern beider Schichten.

Gruppe	A2 MS	A1 US	A2 US	A1 MS
Total	2281,3	2643,3	3054,6	3150,9
A2 MS		362,0+	773,3+	869,6+
A1 US			411,3+	507,6+
A2 US				96,3
A1 MS				

A1 = Altersgruppe 1

A2 = Altersgruppe 2

Tabelle 10 zeigt, daβ die DD-Werte der Jungen der Unterschicht-Gruppe sich von denen der übrigen Gruppen signifikant unterscheiden, während die Differenzen zwischen diesen anderen relativ gering sind.
Betrachtet man jedoch die Schichtengruppen nach Altersgruppen getrennt, so treten recht groβe Unterschiede zwischen ihnen auf. Nur die Differenz zwischen der Altersgruppe 2 der Unterschicht und der Altersgruppe 1 der Mittel-

schicht ist nicht signifikant, was auf einen Ausgleich großer Unterschiede zwischen gruppeninternen und gruppenexternen DD-Werten in der ersten Gruppe und die insgesamt flacher verlaufende Kurve der letzten Gruppe zurückgeht.

Die folgende Erklärung der schichtspezifischen Unterschiede geht über die unmittelbare Aussage der Befinde hinaus und soll sich daher zusätzlich auf einige wenige, qualitative Betrachtungen der Reproduktionsprotokolle stützen.

Allgemein legt nach Ansicht einiger Autoren die Mittelschicht mehr Wert auf Differenziertheit des sprachlichen Ausdrucks, wohingegen die Kommunikation in der Unterschicht weniger als Möglichkeit zur Vermittlung und Mitteilung individueller Erlebnisse, Gefühle, Gedanken usw. sondern im Sinne allgemeiner Handlungsanweisungen zum Zwecke der Anpassung an die Realität verstanden wird, das heißt die Kommunikation verläuft weniger differenziert und häufiger extraverbal (SCHATZMAN u. STRAUSS, 1955; OEVERMANN, 1966, 1969; REICHWEIN, 1970; usw.). Weite Variabilität des Sprechens, die Aneignung eines Codes, den BERNSTEIN elaboriert nennt, stellt das Ziel der sprachlichen Erziehung in der Mittelschicht dar. Die sprachliche Entwicklung gerade der intelligenteren Kinder der Unterschicht bedeutet nun ebenfalls Ausformung einer Kommunikationssymbolik, die aber innerhalb des typischen Musters der Kommunikationsformen der Unterschicht verbleibt, deren hervorstechenden Merkmale Konkretheit und möglicherweise Egozentriertheit sind. Herr BERG (persönl. Mitteilung), der sämtliche Äußerungen einer Gruppe von Unterschicht-Kindern in einer Spielsituation (Kaufhausspiel) mit dem Tonband aufzeichnete, konnte feststellen, daß seine Vpn durchaus über eine als elaboriert zu bezeichnende Sprache verfügten. Im Rollenspiel bewiesen sie die Fähigkeit, die Sprache eines

anderen (z.B. der Verkäuferin) zu sprechen und über einen längeren Zeitraum beizubehalten. Ob ein restringierter oder elaborierter Code gesprochen wird, dies scheint uns vor allem auch situationsspezifisch mitbedingt zu sein. In hoch kontrollierten Situationen, wie zum Beispiel der Schulsituation, in denen ihnen bestimmte Restriktionen auferlegt werden, die Aktivität und Spielraum beschränken, werden sich Unterschicht-Kinder eher auf schematische Ausdrucksweisen, Klischees, "Sprachhülsen" zurückziehen. Den Söhnen und Töchtern von Mittelschicht-Eltern dagegen dürften die Anforderungen der Schulsituation sehr viel vertrauter sein, denn für sie ist es nicht neu, daß Erwachsene ihnen in einer bestimmten Sprache Dinge zeigen und erklären und von ihnen wiederum bestimmte Antworten erwarten.
Differenziertheit des sprachlichen Ausdrucks müßte deshalb in negativem Zusammenhang mit Diktionsdistanz stehen, weil der Sprecher eben nicht an die seinen Code kennzeichnenden Sprachhülsen gebunden bleibt, sondern sich aufgrund seiner reicheren verbalen Erfahrung in die Rolle des Anderen versetzen und dessen Sprache sprechen kann.

Den hohen DD-Werten der Altersstufe 1 der Mittelschicht gingen wir nach, indem wir die Reproduktionsprotokolle aller Gruppen miteinander verglichen. Die Protokolle dieser Schüler weichen insofern von den übrigen ab, als häufiger ungewöhnliche Glieder zum Originalmaterial hinzugefügt wurden. Das Verhältnis ungewöhnlicher Wortverbindungen (Subjekt/Prädikat, Objekt/Attribut) kann aber als ein Indikator für Phantasie verstanden werden (vgl. SIDDIQI). Unter diesem Aspekt betrachtet, machendie Wiedergaben die Wirkung eines solchen Faktors, den man vorläufig als Einfallsreichtum bezeichnen könnte, wahrscheinlich.
Zur Verdeutlichung dessen sind im folgenden einige Textausschnitte und Wiedergabe-Beispiele angeführt.

Originaltext	Wiedergabe
Ich berichtete meiner Mutter, daß wir ein schweres Gewitter bekämen. Plötzlich blitzte es auf, und dann donnerte es.	Ich sagte meiner Mutter, daß bald ein schweres Gewitter käme. Es blitzte und dumpf krachte der Donner hinterher.
In Monza wurde ein Autorennen gefahren. Der Start war gut. "4.3.2.1. Start!" Auch das Rennen	Ein Rennen. Der Start ging reibungslos. "4.3.2.1. Feuer!" Die Wagen schossen los. Auch das Rennen .....
Ich war gerade Professor geworden, als ich für den Frankfurter Zoo einen Schimpansen fangen sollte.	Ich war gerade Professor geworden, und sollte schon eine Expedition in den afrikanischen Busch leiten, um einen Schimpansen für den Frankfurter Zoo zu fangen.
Es war einmal eine Krabbe, die war grün/weiß gekachelt. Sie ging sehr gern auf Reisen, denn sie wollte viel erleben.	Da war einmal eine kleine Krabbe, die war grün/weiß geplattet und die wollte Abenteuer erleben.

Obwohl es sich hier nur um einen kleinen Ausschnitt handelt, zeigt sich doch sehr deutlich, daß sowohl die Originaltexte dieser Schüler (Gruppe 3) als auch die wiedergegebenen Sätze recht ungewöhnliche Wortverbindungen enthalten. Dagegen finden sich in den Reproduktionsprotokollen der Unterschicht-Gruppe aber auch in denen der älteren Schüler aus der Mittelschicht nur selten gänzlich neue Inhaltswörter wie in unserem letzten Beispiel ("wollte viel erleben" bzw."wollte Abenteuer erleben"), sondern eher Synonyme, Präpositionen und Konjunktionen als Intrusionen. Folgende Beispiele wurden den Sprachproben und Wiedergaben der Gruppe 1 (Jungen, Altersstufe 1, Unterschicht) entnommen:

Die Burg von Salzburg wird am meisten besucht. Von ihr aus sieht man schöne Berge und Bäche. Es gibt viele Sehenswürdigkeiten.	In Salzburg kann man die Burg besuchen. Salzburg hat auch viele Sehenswürdigkeiten.
Unser Hamster ist ein lustiger Kerl. Er schläft den ganzen Tag. Um 19 Uhr kommt er aus seinem Haus. Dann geht er in das Laufrad.	Mein Hamster ist ein lustiger Kerl. Wenn er um 19 Uhr aufsteht, dann geht er in sein Laufrad.
Wir waren im August im Urlaub. Es war in Einsenbach im Schwarzwald. Wir haben schöne Waldspaziergänge gemacht und waren ein paarmal schwimmen.	Wir waren im Schwarzwald in Urlaub. Wir machten schöne Spaziergänge und waren auch manchmal schwimmen.
Mein Meerschweinchen ist schwarz und hat dunkelblaue Augen. Es frißt am liebsten Mohrrüben, Salat, Gras und Haferflocken. Wenn man es ärgert, beißt es. Es lebt bei meiner Schwester auf dem Balkon.	Ich habe ein kleines Meerschweinchen. Es ist schwarz und hat blaue Augen. Es frißt am liebsten Haferflocken und Gras. Wenn man es ärgert, beißt es. Es lebt auf dem Balkon.
Wir kennen am Müllersteich einen jungen Mann, der es uns erlaubt hat, dort zu fischen.	Ich kenne einen jungen Freund am Müllersteich. Der hat uns erlaubt, dort zu angeln.

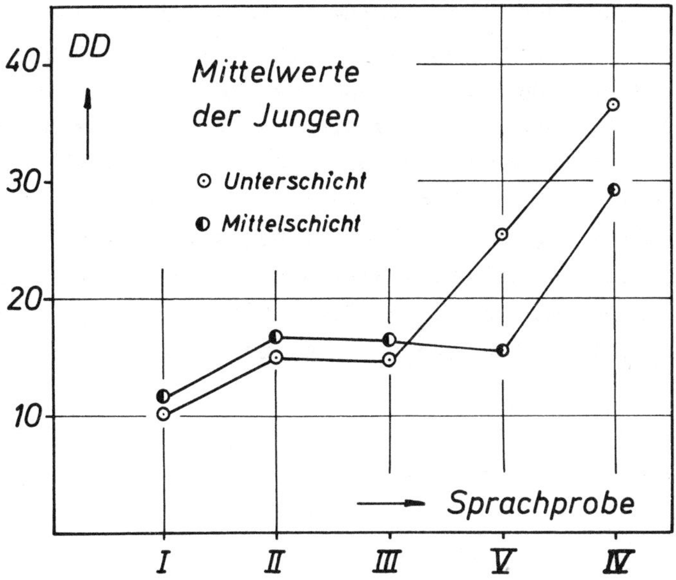

Abb. 10: Diktionsdistanzen der Jungen beider Schichtengruppen.

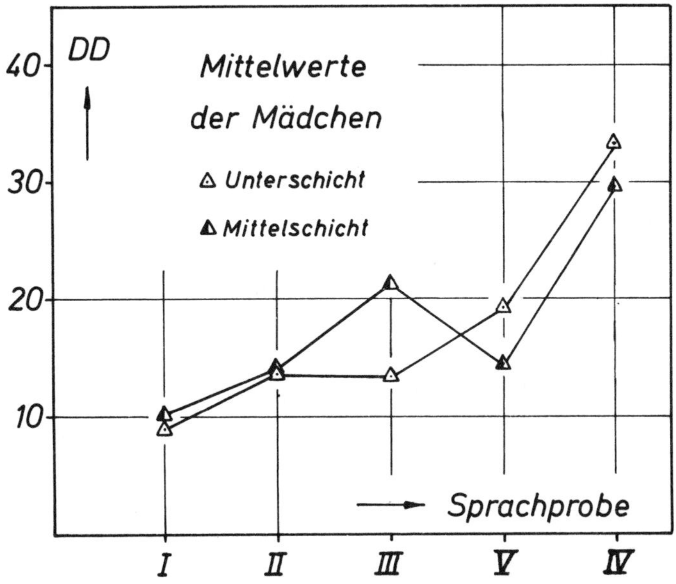

Abb. 11: Diktionsdistanzen der Mädchen beider Schichtengruppen.

Zusammenfassend ist festzustellen, daß die gruppeninternen Diktionen den Jungen beider Altersgruppen aus der Unterschicht besser, die gruppenexternen Diktionen aber schlechter zugänglich sind als den Jungen der Mittelschicht (vgl. Abb. 10). Das gleiche gilt für die Mädchen, wenn auch die Unterschiede geringer sind (vgl. Abb. 11). Daß Kinder der Mittelklasse in weitaus stärkerem Maße in einer von den Eltern strukturierten Welt leben (vgl. EWERT, 1966, s. Abschn. 4.3.4) und in bestimmten Verhaltensbereichen weniger unter dem Einfluß der Peers stehen, mag zur Erklärung dieses Befundes beitragen.

4.4 Versuch über Distanzen zu elterlichen Diktionen

Die Identifikationsforschung machte wahrscheinlich, daß auch so hoch komplexes Verhalten wie das sprachliche durch Beobachtung am Modell verändert und erweitert werden kann (vgl. BANDURA, 1969). Als Vorhersagevariablen für Identifikation gelten vor allem Häufigkeit und emotionaler Hintergrund der Interaktion, Kontrolle des Modells über bedürfnisbefriedigende Mittel, hohes Sozialprestige usw. und als attributive Variable die Identifikationsbereitschaft des Sich-Identifizierenden, die wiederum hauptsächlich in Abhängigkeit der Lebensgeschichte des Individuums zu verstehen ist (vgl. SEARS, 1957; MUSSEN u. DISTLER, 1959; BANDURA u. WALTERS, 1959; BAXTER u.a., 1965; BANDURA u. HUSTON, 1961; usw.). Die Identifikationshypothese läßt sich keinesfalls generell auf das Lernen der Sprache anwenden, wie zum Beispiel die Aneignung der Grammatik und der linguistischen Kompetenz überhaupt nach einem abstrakten Regelsystem erklärt wird, von dem aus der kreative Aspekt, die Fähigkeit, unendlich viele neue Sätze zu produzieren, verständlich werden soll (vgl. BROWN u. BELLUGI, 1964; BRAINE, 1963; ERVIN, 1964). Gültigkeit scheint sie jedoch für genetisch spätere Ausformungen wie symbolische Darstellungen (EMMERICH, 1959) und die Bildung ähnlicher Bedeutungssysteme (LAZOWICK, 1955) zu besitzen. Besonders aufschlußreich in diesem Zusammenhang ist eine Beobachtung von SLOBIN (1968). Er zeigte am Beispiel der von BROWN u.a. (1964) vorgelegten Sprachprotokolle, daß Adam und Eve weniger die mütterlichen Sprachsequenzen imitierten als ihre eigenen, von der Mutter zu ganzen Sätzen vervollständigten Äußerungen, das heißt sie nahmen zu ihren eigenen, telegraphisch kurzen Sätzen einzelne an den Äußerungen des Modells abgelesene syntaktische Verbindungsglieder beziehungsweise Funktionswörter hinzu.

Mit der Art der syntaktischen Verknüpfungen, den Präpositionen, den die Begriffe der Relation bestimmenden Pronomen, den Begriffen der Zeit und des Ortes könnten aber Merkmale der Diktion des Modells übernommen werden, denen auf der kognitiven Ebene bestimmte Ansichten der Wirklichkeit entsprechen.

In den ersten Lebensjahren istdie Mutter als liebevolle und mächtige Bezugsperson das wichtigste Verhaltensmodell für ihre Söhne und Töchter. Während die Mädchen über diese Zeit hinaus dieses Modell beibehalten, beginnen die Jungen etwa mit dem 5. Lebensjahr auch komplexe Verhaltensweisen ihrer Väter zu übernehmen (MUSSEN u. DISTLER, 1959), vor allem wenn diese als machtvoll in der Zuteilung von Sanktionen erlebt werden. Allgemein wird angenommen, daß Jungen sich eher mit ihren Vätern, Mädchen mit ihren Müttern identifizieren (BEIER u. RATZEBURG, 1955). Die Bedeutung der positiven Vater/Sohn-Beziehung für die Übernahme der väterlichen Verhaltensweisen betonten MUSSEN (1961) und PAYNE u. MUSSEN (1956).

Unter diesen Voraussetzungen und unter der Annahme, daß Sprechstile zum Teil auch durch Identifikationsprozesse gelernt werden können, wollten wir nachprüfen, ob das Maß Diktionsdistanz im engen familiären Bereich zwischen den Bezugspersonen Vater und Mutter differenziert. Die Nullhypothese ist demnach wie folgt zu formulieren: Die Distanzen 13 bis 14jähriger Schüler zu den Diktionen ihrer Väter unterscheiden sich nicht von den Distanzen zu den mütterlichen Diktionen.

Versuch

Elf 13 bis 14jährige Jungen und ihre Eltern, die sich nach Schichtzugehörigkeit nicht unterschieden (die Teilnehmer gehören der Mittelschicht an, ihre Väter sind Beamte, Studienräte, Pfarrer usw.) nahmen an dem Versuch teil. Die Versuchsbedingungen entsprechen den in Abschnitt 3 beschriebenen (Instruktion, Sammlung der Sprachproben, zeitl. Begrenzung usw.). In Einzelversuchen verfaßten die Mütter und Väter Aufsätze mit frei zu wählendem Thema. Die Texte, die im Umfang vergleichbar waren (etwa 100 Wörter), wurden den Söhnen nach einem kurzen Einübungsversuch akustisch dargeboten. Um die Wirkung von Positionseffekten herabzusetzen, erhielten die ersten sechs Vpn zuerst die Sprachprobe ihres Vaters, dann die ihrer Mutter, während für die anderen fünf die umgekehrte Reihenfolge gewählt wurde. Nach der Darbietung des ersten Textes bearbeiteten sie ausgewählte Items aus dem Mands-Test, der keine verbalen Anweisungen enthält (s.o.). Im Anschluß daran reproduzierten sie den gehörten Text nach der Aufforderung, alles das zu sagen, was sie noch wüßten. Die Reproduktion wurde aufgezeichnet. Dieser Vorgang wiederholte sich für den zweiten Text.

Ergebnisse

Die folgende Tabelle zeigt die ermittelten Distanzen der 13 bis 14jährigen Schüler zu den Diktionen ihrer Eltern (N = 11).

Diktionsdistanz	Summe	m
DD_{Vater}	194,0	17,6
DD_{Mutter}	215,1	19,5

$\alpha = .05$ $\quad\Sigma d^2 = 263,45$

$\Sigma d = 19,1$ $\quad t_{obs} = 1,19$

$\bar{d} = 1,73$ $\quad t_{.025}(10) = 2,23$ n.s.

Interpretation

Die Distanzen zu den väterlichen Diktionen liegen zwar im Mittel niedriger als die zu den mütterlichen Diktionen; diese Differenz ist jedoch nicht signifikant. Ziehen wir die Ergebnisse der Gruppe 4, die im Alter, Geschlecht und Schichtzugehörigkeit dieser Versuchsgruppe gleicht, zur Interpretation hinzu, so ist festzustellen, daß die Distanzen zu den elterlichen Diktionen zwar deutlich höher liegen als die gruppeninternen DD-Werte ($\bar{D}D$ = 10,2) aber auch wesentlich unter denen zu unbekannten Erwachsenen gleicher Schichtzugehörigkeit ($\bar{D}D$ = 31,38). Es könnte sein, daß die Identifikation mit dem gleichgeschlechtlichen Elternteil sich auf bestimmte Verhaltensbereiche beschränkt, wie vor allem geschlechtstypisches Verhalten, während sprachliches Verhalten und Stilmerkmale von beiden Eltern gleichermaßen übernommen werden. Zur Erklärung der Differenzen zwischen gruppeninternen und elterlichen Diktionsdistanzen (vorausgesetzt die Fehlervarianz erhöht sich nicht zum Beispiel durch Effekte, die aus der größeren Anzahl zu reproduzierender Texte in Gruppe 4 resultieren könnten) ließe sich, vereinfacht, folgende Hypothese aufstellen:
Der Einfluß der Peers, in deren Gemeinschaft Rollenhandeln erprobt wird und sich der Wechsel von partikularistischen Familienbeziehungen zu mehr universalistischen Relationen zur Gesellschaft vollzieht (vgl. EISENSTADT, 1956), mag sich in besonderem Maße auf die Stildimensionen des Verhaltens auswirken. Es ist anzunehmen, daß die Peer Group weniger auf die Bildung von Werten und Einstellungen einwirkt, sondern mehr auf die Art, in der etwas getan wird, während die Familie eher den Inhalt, den "Sinn" festlegt.

5. SCHLUSSBETRACHTUNGEN

War die Diskussion der experimentellen Befunde im vorangegangenen mehr beschreibender Art, so wird im folgenden versucht, die Ergebnisse zu einem Ganzen zusammenzufügen, ihre Aussagekraft für die vorher getroffenen Annahmen unter Berücksichtigung der problemrelevanten Befunde aus der Literatur zu überprüfen und einige Beziehungen zu den vorher umrißhaft dargestellten Theorien zu knüpfen. Es konnte gezeigt werden, daß Diktionsdistanz und Sprachprobe in der untersuchten Stichprobe von 120 Sechst- und Achtkläßlern einen hohen Anteil gemeinsamer Varianz besitzen. Im Sinne der Voraussage nahmen die Diktionsdistanzen zwischen reziproken Freundschaftspaaren von den insgesamt beobachteten die niedrigsten Werte an, während sie zwischen gegengeschlechtlichen Mitgliedern der Gruppe sowie zu den Abgelehnten, aber auch zwischen gleichaltrigen Jugendlichen unterschiedlicher Schichtzugehörigkeit wesentlich höher lagen. Die bei weitem höchsten Diktionsdistanzen reflektierten die Wiedergabeprotokolle dann, wenn die Sprachprobe eines unbekannten Erwachsenen erinnert werden sollte.

Da die Sprachprobe als repräsentativ für die Diktionen sozialer Partner gelten können, zu denen verschieden weite soziale Distanzen bestehen, scheinen somit Diktionsdistanzen mit sozialen Distanzen zu variieren. Soziale Distanz im Interaktionszusammenhang wollen wir verstehen als im wesentlichen eine Funktion der Faktoren Häufigkeit und Dauer der Interaktion in der Zeit und des emotionalen Hintergrundes, der diese soziale Beziehung kennzeichnet. Die Interaktion zwischen zwei oder mehreren sozialen Partnern vollzieht sich gewöhnlich auf der Ebene des sprachlich-kommunikativen Austauschs von Gedanken, Forderungen, Wünschen usw. und setzt ein für alle Teile verbindliches und verfügbares Symbolsystem, die gleiche

Sprache voraus.
Wichtigste psychologische Einflußgröße in diesem Prozeß stellt die Bedeutung dar, die nach gegenwärtigem Konsens als eine aus mehreren Komponenten zusammengesetzte Gegebenheit zu denken ist. Nach SIDDIQI (1967) ergänzen sich zur Gesamtheit der psychologischen Bedeutung die assouiativen und begrifflichen Bedeutungen, die im Wahrnehmungsraum beziehungsweise im mehrdimensionalen semantischen Raum zu lokalisieren sind und die psychophysiologischen Wirkungen.

Wörter als Träger zunächst nur unvollständiger Bedeutungen gewinnen ihre abstrakte Bedeutung erst dadurch, daß sie in einen grammatisch geregelten, sprachlichen Kontext aufgenommen werden. Die syntaktischen Regeln, die das Kind aus den verbalen Äußerungen seiner Bezugsperson entnimmt (vgl. BROWN u. BERKO, 1960; BROWN u. BELLUGI, 1964; BERKO, 1958), liefern das Gerüst für die Klassifizierung wahrgenommener Inhalte und schaffen die Voraussetzung für ihre logische Verknüpfung. VYGOTSKY (1962) zeigte, daß die Begriffe des Vorschulkindes, nur scheinbar identisch mit denen der Erwachsenen, theoretisch noch Pseudobegriffe darstellen, die erst im Kontext sozialer Interaktionen zu eigentlichen Begriffen herausgearbeitet werden. So gebrauchen Kinder schon sehr früh "Oberbegriffe", wenden sie dann aber nur auf ganz bestimmte Vertreter einer Klasse an. Umgekehrt können Eigennamen verallgemeinert alle Vertreter einer Klasse bezeichnen. Erst mit der Verwendung in ganz verschiedenen Situationen und in unterschiedlichen sprachlichen Zusammenhängen wird die Bedeutung eines Wortes erworben. Diese Entwicklung vollzieht sich zunächst in den affektiv gesteuerten Eltern-Kind-Beziehungen und später im Rahmen der weniger persönlichen und mehr sachbezogenen Beziehungen zu anderen Mitgliedern der Gesellschaft. Die semantischen Inhalte und die vorhandenen syntaktischen Regelhaftigkeiten machen das verbale Netzwerk aus, das auf der kognitiven Ebene Erfahrungen abbildet und darüber hinaus Vermittlungsfunktionen für die Organisation komplexer Prozesse übernimmt.

Mehr Gewicht auf die Sprache als z.B. PIAGET (1946), der sie nur als einen von mehreren Aspekten der Konstituierung der symbolischen Funktion versteht, legt BRUNER (1964), indem er Sprache zu einem Teil als die am weitesten entwickelte Art der Repräsentation von Wissen versteht.

Verbale Schemata stellen gelernte Verhaltendispositionen dar, denen zwei Aspekte zukommen. Sie bestimmen die Art, Wirklichkeit wahrzunehmen und determinieren die Reaktionen auf äußere und innere Reize. Insofern ähneln sie den Einstellungen in der Sozialpsychologie (ALLPORT, 1955), den Hypothesen in der Wahrnehmung (BRUNER u. POSTMAN, 1949), den Schemata in der Gedächtnisforschung (BARTLETT, 1932) und gehören wie diese im weitesten Sinn den Bereitschaften und Gerichtetheiten an (WELLEK, 1950), die der Koordination von Erfahrungen dienen und der Selektion von Informationen.

Die Genese des verbalen Netzwerks ist als fortwährender Aufbau und dynamische Ausgliederung zu verstehen (vgl. WELLEK, 1941; MANDLER, 1966), die sich in Abhängigkeit von den die Umgebung des Einzelnen kennzeichnenden Sprech- und Kommunikationsstilen vollziehen. Die Eigentümlichkeit der Diktionen, denen in der Kognition bestimmte Wahrnehmungs- und Auffassungsweisen zugeordnet sind, ist nicht nur in den Assoziationsbündeln zu suchen, sondern auch in der Weise, Inhalte zu gliedern und syntaktisch zu organisieren. Ob auf der anderen Seite eine Nachricht eine Zunahme von Wissen bedeutet, das hängt von der schon vorhandenen individuell strukturierten und gespeicherten Information ab. Die Mutter, indem sie die telegraphisch kurzen Sätze ihres Kindes korrigiert, ergänzt oder in ganzen Sätzen erwidert, vermittelt mit dem kontextgebundenen Gebrauch von Artikeln, Präpositionen, Pronomina und infinitiven Erweiterungen bestimmte Ansichten der Welt (vgl. BROWN u. BELLUGI, 1964). Die syntaktischen Strukturen schaffen Bedeutungen dadurch, daß sie Objekte bestimmten Klassen zuordnen, Relationen angeben usw., und, indem sie logische Forderungen enthalten, das Erkennen inkonsestenter Wahrnehmungen ermöglichen.

Es stellt sich nun weiter die Frage, wie ganz bestimmte, differenzierende stilistische Merkmale erworben werden. Nach BANDURA (1962) bildet die Basis für die Übernahme von Handlungs- und Verhaltensmustern die Identifikation zunächst mit den elterlichen Modellen in den engen familiären Beziehungen. Das Sprachverhalten birgt im Hinblick auf Lernen durch Identifikation besondere Schwierigkeiten, da die identifizierenden Merkmale verschiedener grammatischer Konstruktionen nur sehr schwer unterscheidbar sind (vgl. BANDURA, 1969). BANDURA u. HARRIS (1966) und SHEFFIELD u. MACCOBY (1961) haben gezeigt, daß Lernen der Sprache in Begriffen der Identifikation dann stattfindet, wenn als Voraussetzung eine hohe Auftretenshäufigkeit der Reaktion einerseits und adäquater diskriminativer Reize andererseits gegeben ist[1]. Bezogen auf den Spracherwerb vernachlässigt die Identifikationshypothese jedoch den kreativen Aspekt und kann daher die Erklärung der Entwicklung sprachlicher Kompetenz aufgrund eines abstrakten Regelsystems, das diesen Aspekt mit einschließt, nicht ersetzen. Daß aber bestimmte Sprachgewohnheiten und speziell stilistische Merkmale durch Übernahme komplexer ver-

---

1) Über die therapeutische Anwendung dieser Befunde auf das Lernen grammatischer Regeln bei schizophrenen Kindern berichtet LOVAAS (1966).

baler Verhaltensmuster des Modells vom Beobachter unabhängig von seiner operativen Intelligenz gelernt werden können, ist wahrscheinlich. Das würde bedeuten, daß Eigenheiten der Diktion ohne Konditionierung in kleinen Schritten und ohne stufenweise gegebene Bekräftigungen übernommen werden können. Die Stärke der Identifikation ist eine Funktion der Identifikationsbereitschaft des Sich-Identifizierenden (BAXTER, LERNER u. MILLER, 1965), sowie bestimmter Eigenschaften des Modells und der Beschaffenheit der interaktionalen Atmosphäre. Allgemein wird Identifikationslernen durch häufige Interaktionen, warmes Klima der sozialen Beziehung, hohes Sozialprestige des Modells und Einfluß in der Kontrolle von Bedürfnisbefriedigungsmitteln begünstigt.

In verschiedenen Ausprägungen kennzeichnen die Merkmale auch soziale Beziehungen in der Gruppe, innerhalb derer in der Adoleszenz jedenfalls eine günstige Merkmals-Kombination für die engen, gleichgeschlechtlichen Freundschaftspaare anzunehmen ist. Nach SPIEGEL (1951) basieren gleichgeschlechtliche Freundschaften in der Adoleszenz vorwiegend auf Identifikationen: man ist befreundet mit dem, der so denkt, fühlt, handelt - und spricht - wie man selbst es tut. Auch werden in der Regel eher solche Freunde gewählt, deren Einstellungen und Haltungen mit denen der Eltern übereinstimmen oder zumindest ihnen nicht widersprechen (vgl. C.Q. CAMPBELL, 1969). Was hier als unabhängige Variable im Freundschaftsbildungsprozeß gilt, führt G.A. KELLY (1955) im Rahmen der beiden die Gemeinsamkeit der Konstrukte betreffenden Folgesätzen als abhängige Variable an. Je größer die Ähnlichkeit der Erfahrungskonstrukte zwischen zwei Menschen, umso mehr gleichen sichdie psychologischen Prozesse der beiden und umso ähnlicher - so läßt sich folgern - wird ihre Sprache sein. Und ferner, je mehr eine Person die Konstruktbildungsprozesse einer anderen beeinflußt, umso mehr vermag sie in den sozialen Prozessen dieser Person eine Rolle spielen. Die niedrigen Diktionsdistanzen zwischen zwei Freunden lassen sich auch von daher als das Resultat gemeinsamer Erfahrungen und dem Austausch individueller Erlebnisse in der Kommunikation erklären.

Daß sich in der Gruppe ähnliche Diktionen herausbilden, erhellt daraus, daß im interaktionalen Zusammenhang auf der Grundlage gleicher Objektbezeichnungen und den von allen geteilten Erfahrungen sowie aufgrund zahlreicher Identifikationsvorgänge ein bestimmter Kommunikationsstil aufgebaut und gepflegt wird. Die Sprache der Gruppe als Ganzes kann daher als Stilträger gelten ebenso wie die der einzelnen Mitglieder. Der Code der Gruppe wird notwendigerweise sehr viel allgemeiner sein als der Code zweier Freunde und mehr Möglichkeiten offen lassen. Da zwei Freunde über ähnliche Diktionen verfügen, kann ihre Kommunikation für Außenstehende mehr oder weniger unverständlich ablaufen. Die Fähigkeit zur Vorwegnahme der Äußerungen des Freundes beziehungsweise die hohe Voraussagewahrscheinlichkeit führt zum Beispiel dazu, daß sich jeder dem Anderen durch Aussagen verständlich machen kann, die auf wenige Wörter zusammengeschrumpft sind. VYGOTSKY (1962) verdeutlicht dies an einem Beispiel aus der Literatur; Dostojewski belauschte ein von mehreren Betrunkenen geführtes Gespräch, das nur aus dem Austausch eines Substantivs in verschiedenen Tonlagen mit unterschiedlicher Artikulation bestand. Während er selbst den Inhalt allenfalls vermuten konnte, verlief die Kommunikation zwischen den Männern nahezu perfekt. Es gab keine Mißverständnisse, nicht nur weil sie sich so gut kannten, sondern auch aufgrund der Situation, die für sie alle vertraut war und für jeden von ihnen ähnliche Merkmale besaß.

Die Frage, ob Adoleszenteeine eigenständige Kultur innerhalb der Gesamtkultur bilden, was zum Beispiel die Bezeichnung "subculture" (PARSONS, 1951) impliziert, oder ob ihnen nur ein besonderer Status im sozialen System zugewiesen wird, der mit den Aufgaben Ablösung von der Kindheit und Vorbereitung auf das Erwachsensein verbunden ist, stellt sich besonders im Zusammenhang mit der Haltung den Eltern gegenüber. Jedenfalls scheinen die erlebten sozialen Distanzen zur Erwachsenenwelt in der Adoleszenz anzusteigen, was DEGENHARDT (1969) für 10-14jährige Mädchen nachgewiesen hat, und was von unseren Diktionsdistanzen her auch für das Sprachverhalten bestätigt werden kann, während sie zu Gleichaltrigen relativ konstant bleiben oder sogar abnehmen. Daß der Unterschied zwischen den Diktionsdistanzen zu Erwachsenen einerseits und gleichaltrigen Gruppenmitgliedern andererseits relativ groß ist, weist aber auch auf den Einfluß des Alters auf Diktionen hin. Die Annahme, daß Diktionen von der Entwicklungshöhe verbaler Schemata abhängen, wobei zum Beispiel der über Alter zunehmende Gebrauch verbaler Vermittler sicherlich einen wichtigen Faktor darstellt, erscheint zumindest für den Zeitraum von Sprechbeginn bis zum Übergang zu den formalen Operationen brauchbar, der zeitlich etwa mit der erreichten Fähigkeit zusammenfällt, Wissen durch Sprache darzustellen (vgl. BRUNER, 1961). So versteht WITTGENSTEIN (1958) die Zahl und die Verschiedenheit der Sprachspiele, die ein Kind spielen kann, als eine Funktion seiner Entwicklungsstufe. Um die Grenzen abzustecken, innerhalb derer die Wirkung der Altersvariablen auf Diktionen weniger bedeutsam wird, sind Untersuchungen an einem breiten Altersspektrum erforderlich. Wir nehmen an, daß schon vom etwa 15. Lebensjahr an der Einfluß von Alter gegenüber anderen Variablen wie zum Beispiel Zugehörigkeit zu sozialen Gruppen, verbale Flüssigkeit usw. vernachlässigt werden kann, ohne daß sich die Fehlervarianz erhöht.

Zwischen bestimmten Aspekten der übermittelten Nachricht (Sinnhaftigkeit, Grad der Grammatikalität, Ich-Bezug usw.) einerseits und Einflußgröße auf seiten des Hörers andererseits tritt im Verarbeitungsprozeß als vermittelnde Variable die Diktionsdistanz. Je ähnlicher die Diktionen, das heißt je niedriger die Diktionsdistanzen zwischen zwei Kommunikationspartnern, umso schneller müßte der Entschlüsselungsprozeß ablaufen, weil das Abtasten der Information nach allen Seiten überflüssig wird, da das sprachliche Umfeld, in dem die bekannten Wörter als Ankerpunkte auftauchen, semantisch und syntaktisch den Verschlüsselungsgewohnheiten des jeweiligen Hörers entspricht. Es läßt sich daraus weiter die Hypothese ableiten, daß zwischen der Diktionsdistanz bezogen auf den in einem bestimmten Text repräsentierten Sprechstil und der relativen Lernbarkeit dieses Textes eine negative Beziehung bestehen wird, denn der Verstehensprozeß wird bei hoher Diktionsdistanz sehr viel aufwendiger sein als bei einem Text, dessen Diktion der eigenen nahekommt. Für BJÖRGEN (1964) hat ein Wort überhaupt erst eine Bedeutung, wenn es in die Erfahrungen aufgenommen werden kann. Lerngeschwindigkeit und Bedeutung lassen sich dann auf einen gemeinsamen Nenner bringen, nämlich die Tendenz eines Wortes, einen Vermittler hervorzurufen, der dieses Wort in das Erfahrungsrepertoire integrieren hilft.

Unsere Hypothese gilt allerdings nur mit gewissen Einschränkungen. Das Maß Diktionsdistanz wird sich vermutlich dann verändern, wenn der Originaltext beim Hörer Wahrnehmungsabwehr beziehungsweise kognitive Dissonanz hervorruft. Als Folge davon könnte es in der Wiedergabe dazu kommen, daß nur sehr wenige Wörter reproduziert werden oder daß extrem viele Intrusionen auftauchen.

Diktionen unterliegen Veränderungen beim Übergang zwischen sozialen Bereichen. Insofern können sie zu einem Teil als

Rollenaspekte verstanden werden. Je nach Situation (Familie, Schule, Gespräch mit Freunden usw.) werden unterschiedliche Vokabularien verwendet; man spricht verschiedene Sprachen. JENKINS (1969) nennt zwei Erwartungen, die sich aus dieser Tatsache ergeben:

1. die Erwartung, daß sich mit dem Wechsel der Gruppe das Verhalten der Person ändert, und
2. die Erwartung, daß das Vokabular, welches man verwendet, die Situation widerspiegeln und kennzeichnend dafür sein wird.

Mit dem Vokabular ändern sich aber auch die Bedeutungszusammenhänge in den verschiedenen Gesprächsformen. SIDDIQI (1969) nimmt an, daß zu jeder Grundkategorie des Denkens eine ideale Gesprächsform gehört, die sich mit einem bestimmten Aspekt der Wirklichkeit hauptsächlich beschäftigt. Die physikalische Sprache zum Beispiel spiegelt eine ganz bestimmte Art der Wirklichkeitsauffassung wider und verfügt über andere Begriffe und eine andere Syntax als zum Beispiel die Sprache der Lyrik, die vor allem Gefühle und Stimmungen ausdrückt.

Die Diktionsdistanz wird demnach nicht allein von der Art der Beziehung zum sozialen Partner bestimmt, sondern zusätzlich durch die jeweilige Situation und ihren Hintergrund.

In Anbetracht des insgesamt nur geringen Varianzanteils, der durch die Wirkungen der attributiven Variablen auf die abhängige Variable erklärt wird und der vielfältigen Interaktionswirkungen, wollen wir unter dem Aspekt Unterschiede zwischen den Versuchsgruppen nur Tendenzen aufzeigen. Der für beide Schichtengruppen unterschiedliche Einfluß der Variablen Entwicklungsstand, der sich vor allem in den gruppenexternen Diktionsdistanzen zeigt, kann vermutlich auf die Wirkung hauptsächlich eines Faktors zurückgeführt werden, der als Grad der Differenziertheit des sprachlichen Ausdrucks bezeichnet werden kann. Differenziertheit des sprachlichen Ausdrucks gehört zu den Erziehungszielen der Mittelschicht-Eltern, während die Unterschicht-Eltern weniger Wert darauf legen und ihre Kinder infolgedessen eher in den gewohnten Kommunikationsmustern verbleiben. Die Kommunikation in der Gruppe wird dadurch aber nur wenig beeinträchtigt. Hier verstehen sichdie Schüler untereinander etwa gleich gut, unabhängig davon, welcher Schicht sie angehören. Es ist anzunehmen, daß die schichtspezifischen Unterschiede des Sprachgebrauchs stark situationsbedingt sind. Unterschicht-Kinder scheinen sich in hoch kontrollierten, ihnen fremden Situationen, in denen ihnen bestimmte Restriktionen auferlegt werden, ganz besonders auf schematische Ausdrucksweisen zurückzuziehen. Besonders in der Schulsituation, die den Kindern von Mittelschicht-Eltern sehr viel vertrauter sein dürfte, macht sich dies bemerkbar.

Daß der geschlechtsspezifische Unterschied der Diktionsdistanzen auf die Unterschicht-Gruppe beschränkt bleibt, glauben wir im Sinne der in den unteren Schichten recht weit differierenden Rollenerwartungen für Jungen und Mädchen interpretieren zu können (vgl. BRONFENBRENNER, 1958, 1960; BARRY, BACON u. CHILD, 1957). So bekräftigen die Mütter eher soziales Verhalten ihrer Töchter und eher Initiative und Leistung ihrer Söhne (vgl. WITKIN, 1969). Rollenkonformes Verhalten impliziert für Mädchen stärkeres Interesse an den Kommunikationsmöglichkeiten, während Jungen, besonders in der Unterschicht, Verbalisierungen möglicherweise sogar negativ bewerten. Daß letzteres für die Mittelschicht nicht zuzutreffen scheint, beobachtete auch BRUNER (1966), in dessen Experimentalgruppe von zahlreichen Jugendlichen die älteren Jungen der Mittelschicht die bei weitem gesprächigsten waren.

Unsere Daten lassen nicht auf Veränderungen der Informationsverarbeitung zwischen beiden Altersstufen als Einflußgröße für Diktionsdistanz schließen, was von den Untersuchungen PIAGETs über die Übergangsphase von den konkreten zu den formalen Operationen her hätte erwartet werden können. Allerdings zeigten sich besonders in den Reproduktionsprotokollen der 10-11jährigen Mittelschicht-Kinder zahlreiche neue Wörter, die auf den Einfallsreichtum dieser Schüler hinweisen.

Was die Variable Schichtzugehörigkeit betrifft, so bliebe zu prüfen, ob sich der für die gruppeninternen Diktionsdistanzen beobachtete Trend über Alter fortsetzen wird. Da der Gesellschaft der Peers besondere Bedeutung auch für erwachsene Unterschicht-Angehörige zukommt, wäre zu erwarten, daß die gruppeninternen Diktionsdistanzen niedrig bleiben, während die gruppenexternen eher noch weiter ansteigen werden.

Auf der Suche nach weiteren Varianzanteilen für Diktionsdistanz wird man vor allem die kognitiven Stil-Variablen berücksichtigen müssen. Wir denken dabei an die von MESSICK (1968) untersuchte, aber schon sehr früh von WULF (1921) gefundene Dimension Nivellieren-Pointieren, die sich auf die Assimilationsprozesse des Gedächtnisses bezieht. Diese Stildimension überschneidet sich zum Teil mit der Begriffsbildungs-Dimension analytischer-relationaler Stile. Die Tendenz, ähnliche Gedächtnisinhalte ineinander fließen zu lassen und wahrgenommene Ereignisse in der Erinnerung mit ähnlichen, aber nicht identischen Ereignissen zu verschmelzen, und die Gleichförmigkeit in der Verwendung formaler Methoden der Begriffsbildung könnte zu hohen Diktionsdistanzen führen. Dagegen wird die Neigung, gegenwärtige Ereignisse sogar als dem vergangenen unähnlicher einzustufen, als es tatsächlich der Fall ist, sowie die Tendenz, wahrgenommene Ähnlichkeiten und Unterschiede nach differenzierten Begriffen zu kategorisieren, eher niedrige Diktionsdistanzen zur Folge haben könnte.

6. ZUSAMMENFASSUNG

Die strukturelle und inhaltliche Erforschung verbaler Behaltensprozesse zeigte, daß die freie Wiedergabe eine Rekonstruktion des ursprünglich Erfahrenen auf der Grundlage meist nur weniger, eingeprägter Ankerpunkte ist, die in der Reproduktionsphase ergänzt und syntaktisch verbunden werden. Die Frage nach der Bedeutung der individuellen Sprachgewohnheiten in diesem Prozeß wurde bisher theoretisch und empirisch vernachlässigt. Die vorliegende Arbeit legt den Akzent auf die Sprechstile bzw. Diktionen als Variablen im Behaltensprozeß sowie in den Kommunikationsabläufen.

Einen methodischen Zugang zu den Sprech- und Denkstilen des Individuums oder einer Gruppe bietet die Untersuchung der in der freien Wiedergabe komplexer verbaler Inhalte gewöhnlich auftretenden Abweichungen vom Originalmaterial. Die Diktion einer Vorlage wird besonders dann durch Weglassungen und Zufügungen aus dem eigenen Sprachschatz verändert, wenn sie der Vp fremd ist, bzw. wenn die Wörter in einem für sie ungewohnten Zusammenhang stehen.

Als Index für die Distanz der eigenen Diktion zu der in der Vorlage repräsentierten wird der prozentuale Anteil der aus dem eigenen Vokabular zugefügten Wörter zu der Gesamtzahl der in der Reproduktionsphase wiedergegebenen Wörter eingeführt.

Von 120 Schülern, die sich nach Geschlecht, Alter (10-11 J. bzw. 13-14 J.) und Schichtenzugehörigkeit (Unterschicht bzw. Mittelschicht) unterscheiden, wurden die Diktionsdistanzen zu je 5 verschiedenen Sprachproben anhand der Reproduktionsprotokolle ermittelt. Bei den Sprachproben handelt es sich um Texte auf der Ebene der Umgangssprache.

Sie wurden von Personen verfaβt, die in mehr oder weniger engen sozialen Beziehungen zu den Vpn stehen (Freund, Feind, gegengeschlechtliches Gruppenmitglied, Erwachsener, gleichgeschlechtliches Mitglied einer anderen sozialen Schicht).

Das Experiment erbrachte folgende Hauptergebnisse:

- Das Maβ Diktionsdistanz differenziert zwischen den gewählten Sprachproben-Arten.

- Bei weitem die niedrigsten Distanzen bestehen zu den Diktionen der Freunde bzw. der Freundinnen, während im Vergleich dazu die Diktion des Feindes und noch mehr die des gegengeschlechtlichen Gruppenmitglieds nicht so gut zugänglich sind.

- Die Sprache der Gruppe ist dem einzelnen Schüler sehr viel besser verfügbar als die des Erwachsenen. Sogar der Alterskamerad aus der anderen sozialen Schicht wird besser verstanden als der Erwachsene aus der gleichen sozialen Schicht.

- Während sich in der Versuchsgruppe aus der Mittelschicht die Diktionsdistanzen zwischen Jungen und Mädchen nicht wesentlich voneinander unterscheiden, liegen die Werte der Jungen aus der Unterschicht-Gruppe sehr viel höher als die der Mädchen. Dies wurde in Begriffen unterschiedlicher Rollenerwartungen interpretiert.

- Für die Altersgruppe 2 gilt, daβ die Sprache der Versuchsgruppe aus der Unterschicht den Angehörigen der Mittelschicht besser zugänglich ist als umgekehrt die Diktion der Mittelschicht den Mitgliedern der Unterschicht.

- Es besteht eine Wechselwirkung zwischen Entwicklungsstand und Schichtenzugehörigkeit insofern, als die Diktionsdistanz-Werte der Mittelschicht-Schüler bezogen auf sämtliche Sprachproben über Alter sinken, die Distanzen der Schüler aus der Unterschicht jedoch, hier vor allem zu Diktionen außerhalb der Gruppe, zunehmen.

- Der Einfluß von Schichtenzugehörigkeit auf Diktionsdistanz erweist sich abhängig vom Alter und Geschlecht.

- Die Distanzen der 13-14jährigen Jungen aus der Mittelschicht zu elterlichen Diktionen nehmen geringfügig höhere Werte an als die zu den Diktionen der Freunde, jedoch sehr viel niedrigere als zu den Diktionen fremder Erwachsener gleicher Schichtzugehörigkeit.

Aus den gewonnenen Daten konnten zusätzlich differenziertere Folgerungen vor allem in Hinblick auf die Abhängigkeiten zwischen Sprachproben-Art und Diktionsdistanz innerhalb der einzelnen Gruppen gezogen werden.

LITERATURVERZEICHNIS

ABERLE, D.F. und NAEGELE, K.D. Middle class father's occupational role and attitudes toward children. Amer.J.Orthopsychiat.,22,1952,366-378

ABORN, M. und RUBENSTEIN, H. Information theory and immediate recall. J.exp.Psychol.,44,1952,260-266

ADAMS, J.A. Human Memory. New York: McGraw-Hill,1967

ADAMS, J.A. und MONTAGUE, W. Retroactive inhibition and natural language mediation. J.verb.learn.verb. behav.,6,1967

ADAMS, J.J. Adolescent personal problems as a function of age and sex. J.Genet.Psychol. 104,1964,207-214

ALLPORT, F.H. Theories of perception and the concept of structure. New York, Wiley, 1955

ANGELINO, H. Trends in the "Fears and Worries" of children as related to social economic status and age. J.Genet.Psychol.,89,1956,263-276

ANASTASI, A. Differential Psychology. New York: The Macmillan Company, 1958

AUSUBEL, D.P. Ego development and the personality disorders. A developmental approach to psychopathology. New York, 3.Aufl., 1965

BABBEL, W. Die Entwicklung des sprachlichen Gedächtnisses bei Volksschulkindern. Schule und Psychologie 3, 1956, 52-59

BANDURA, A. Social learning through imitation. In: M.R. JONES (Hrsg.), Nebraska Symposium on Motivation: 1962, Lincoln: Univ.Nebraska Press,1962,211-269

BANDURA, A. Social-learning theory of identificatory processes. In: D.A.GOSLIN (Hrsg.), Handbook of Socialization Theory and Research, Chicago,1969

BANDURA, A. und WALTERS, R.H. Adolescent aggression. New York: Ronald, 1959

BANDURA, A. und HUSTON, A.C. Identification as a process of incidental learning. J.abnorm.soc.Psychol.,63, 1961, 311-318

BANDURA, A. und HARRIS, M.B. Modification of syntactic style. J.exp.child Psychol., 4,1966,341-352

BARRY, H., BACON, M.K. und CHILD, E.L. A cross-cultural survey of some sex differences in socialization. J.abnorm.soc.Psychol.,55,1957,327-332

BARTLETT, F.C. Remembering. A study in experimental and social psychology. London: Cambridge Univ.Press,1932

BAXTER, J.C., LERNER, M.J. und MILLER, J.S. Identification as a function of the reinforcing quality of the model and the socialization background of the subject. J.Pers.Soc.Psychol.,vol.2,No.5, 1965, 692-697

BAYLEY, N. On the growth of intelligence. Amer.Psychologist 10, 1955, 805-818

BEIER, E.G. und RATZEBURG, F. The parental identifications of male and female college students. J.abnorm.soc.Psychol.,48,1953,569-572

BENNETT, G.K. und Mitarb. Differential aptitudes tests manual. New York, Psychological Corporation, 1959

BERNSTEIN, B. Some sociological determinants of perception: An enquiry into sub-cultural differences. Brit.J.Sociol.,9,1958, 159-174

BERNSTEIN, B. A public language: Some sociological implications of linguistic form. Brit.J.Sociol.,10, 1959, 311-326

BERNSTEIN, B. Aspects of language and learning in the genesis of the social process. In: D. HYMES (Hrsg.), Language in Culture and Society. New York: Harper und Row, 1964, 251-263

BERNSTEIN, B. Social class, linguistic codes and grammatical elements. Language and Speech, 5, 1962, 221-240

BERNSTEIN, B. Elaborated and restricted codes: Their origins and some consequences. In: J.J. GUMBERZ und D. HYMES (Hrsg.), The Ethnography of Communication. Amer.Anthropologist, Special Publication 66, no.6, 1964, 55-69

BERKO, Jean. The child's learning of English morphology. Word, 14, 1958, 150-177

BEVER, Th.G. The cognitive basis for linguistic structures. In: I.R. HAYES (Hrsg.), Cognition and the development of language. New York: Wiley, 1970

BING, E. Effect of childrearing practices on development of differential cognitive abilities. Child Develop m. 34, 1963, 631-648

BJÖRGEN, I.A. a re-evaluation of rote learning. Oslo, Norway, Oslo University Press, 1964

BLUMENTHAL, A.L. Prompted recall of sentences. J.ver.learn. verb.behav.,6,1967,203-206

BOUSFIELD, W.A. und SEDGEWICK, O.H.W. An analysis of sequences of restricted associative response. J.Gen.Psychol.,30,1944, 149-165

BOUSFIELD, W.A. The occurence of clustering in the recall of randomly arranged associates. J.Gen.Psychol.,49,1953, 229-240

BOUSFIELD, W.A. und COHEN, B.H. Clustering in recall as a function of the number of word-categories in stimulus-word lists. J.Gen.Psychol.,54, 1956, 95-106

BOUSFIELD, W.A. und WHITMARSH, G.A. Associative clustering in the recall of words of different taxonomic frequencies of occurence. Psychol.Rep.,4,1958, 39-44

BOUSFIELD, W.A. The problem of meaning in verbal learning. In: C.E. COFER (Hrsg.), Verbal Learning and Verbal Behavior, New York: McGraw-Hill, 1961, 81-91

BOUSFIELD, W.A., ESTERSON, S. und WHITMARSH, G.A. A study of developmental changes in conceptual and perce tual associative clustering. J.Gen.Psychol.,92,1958, 95-102

BOWER, G.H., LESGOLD, A.M. und TIEMAN, D. Grouping operations in free recall. J.verb.learn.verb.behav., 8, 1969, 481-493

BRAINE, M.D.S. On learning the grammatical order of words. Psychol.Rep.,70,1963, 323-348

BRAINE, M.D.S. The insuffiency of a finite state model for verbal reconstructive memory. Psychonomic Science, 2, 1965, 291-292

BRIM, O.G. Family structure and sex role learning by children. Sociometry, 21, 1958, 1-16

BRODBECK, A.J. und IRWIN, O.C. The speech behavior of infants without families. Child Developm., 17, 1946, 145-156

BRODERICK, C.B. Socio-sexual development in a suburban community. J.Sex Res., 2, 1966, 1-24

BRONFENBRENNER, U. Family authority structure and adolescent behavior. Ber. über d. 16. Intern.Kongr.f. Psychol., Amsterdam 1960

BRONFENBRENNER, U. Socialization and social class through time and space. In: E.E. MACCOBY, T.M. NEWCOMB und E.L. HARTLEY (Hrsg.), Readings in social psychology (3.Aufl.) New York: Holt, Rinehart und Winston, 1958, 400-425

BROWN, R.W. Language and categories. In: J.S. BRUNER, J.J. GODDNOW und G.A. AUSTIN (Hrsg.), A stuy of thinking. New York: Wiley, 1956, 247-312

BROWN, R.W. Words and things. Free Press, Glencoe, 1958

BROWN, R.W. und Ursula BELLUGI. Three processes in the child's acquisition of syntax. Harvard Educ.Rev., 34, 1964, 133-151

BROWN, R.W. und Jean BERKO. Word association and the acquisition of grammar. Child Developm., 31, 1960, 1-14

BRUNER, J.S. und POSTMAN, L. On the perception of incongruity. J.Pers., 18, 1949, 206-223

BRUNER, J.S., GOODNOW, J.J. und G.A. AUSTIN. A study of thinking. New York: Wiley, 1956

BRUNER, J.S. The course of cognitive growth. Amer. Psychologist, 19, 1964, 1-15

BRUNER, J.S. The process of education. Harvard Univ.Press, Cambridge, 1961

BRUNER, J.S. Studies in cognitive growth. New York: Wiley and Sons, 1966

BRUNSWIK, E., GOLDSCHEIDER, L. und PILEK, E. Untersuchungen zur Entwicklung des Gedächtnisses. Beihefte zur Z.angew.Psychol., Nr. 4, Barth, Leipzig, 1932

CAMPBELL, D.T. Social attitudes and other acquired behavioral dispositions. In: S. KOCH (Hrsg.), Psychology: A study of a science. Vol. 6, New York, McGraw-Hill, 1963

CAMPBELL, E.Q. Adolescent Socialization. In: D.A. GOSLIN (Hrsg.), Handbook of Socialization Theory and Research, Chicago, 1969

CHOMSKY, N. Syntactic Structures. The Hague: Mouton, 1957

CHOMSKY, N. Aspects of the theory of syntax. Cambridge, M.I.T. Press, 1965

CHURCH, J. Language and the discovery of reality. Rodan House, New York, 1961

CLARK, W.W. Boys and girls - are there significant ability and achievement differences? Phi Delta Kappan, 41, 1959, 73-76

CLARK, A.D. und RICHARDS, J. Auditory discrimination among economically disadvantaged preschool children. Exceptional children, 33, 1966, 259-262

COFER, C.N. On some factors in the organizational characteristics of free recall. Amer.Psychologist, 20, 1965, 261-272

COFER, C.N. und MUSGRAVE, B.S. (Hrsg.), Verbal Behavior and Learning: Problems and Processes. New York: McGraw-Hill, 1963

COFER, C.N. Problems, Issues and Implications. In: T. DIXON und D. HORTON (Hrsg.), Verbal Behavior and General Behavior Theory. Prentice-Hall, Englewood Cliffs, N.J., 1968

COFER, C.N., BRUCE, D.R. und REICHER, G.M. Clustering in free recall as a function of certain methodological variations. J.exp.Psychol., 71, 1966, 858-866

CONRAD, R. Errors of immediate memory. Brit.J.Psychol., 50, 1959, 349 ff.

CONRAD, R. Serial order intrusions in immediate memory. Brit.J.Psychol., 51, 1960, 45-48

CONRAD, R. Acoustic confusions in immediate memory. Brit. J.Psychol., 55, 1964, 75-83

COHEN, B.H. und BOUSFIELD, W.A. The effects of a dual-level stimulus-word list on the occurrence of clustering in recall. J.Gen.Psychol., 55, 1956, 51-58

COHEN, B.H. Recall of categorized word lists. J.exp. Psychol., 66, 1963, 227-234

COTTRELL, L.S. jr. The analysis of situated fields in social psychology. Amer.sociol.Rev., 7, 1942, 370-383

DALE, H.C.A. Response availability and short-term memory. J.verb.learn.verb.behav.,8,1967a, 47-48

DALE, H.C.A. Familiarity and free recall. Quarterly J.exp. Psychol., 19, 1967b, 103-108

DEESE, J. On the structure of associative meaning. Psychol. Rev., 69, 1962, 161-175

DEESE, J. The structure of association in language and thought. Baltimore: John Hopkins Press, 1965

DEESE, J. On the prediction of occurence of particular verbal intrusions in immediate recall. J.exp. Psychol., 58, 1959, 17-22

DEESE, J. From the isolated verbal unit to connected discourse. In: C.N. COFER (Hrsg.), Verbal Learning and Verbal Behavior. New York: Mcgraw-Hill, 1961

DEESE, J. Association and Memory. In: T. DIXON und D. HORTON (Hrsg.), Verbal Behavior and General Behavior Theory. Englewood, N.J.,Prentice-Hall, 1968

DEUTSCH, M. The role of social class in language development and cognition. Amer.J.Orthopsychiat., 35, 1965, 78-88

DEUTSCH, M. The disadvantaged child and the learning process: Some social, psychological and developmental considerations. In: H. PASSOW (Hrsg.), Education in Depressed Areas, New York: Teachers College Bureau Publ., 1963, 163-179

DEUTSCH, M., KATZ, I. und JENSEN, A.R. (Hrsg.), Social class, race, and psychological development. New York: Holt, Rinehart und Winston, 1968

DOUVAN, E. und ADELSON, J. The adolescent experience. New York, 1966

DUNSDON, J.A. und FRASER-ROBERTS, J. A study of the performance of 2000 children on four vocabulary tests. Brit.J.stat.Psychol.,10,1957, 1-16

EARHARD, M. und ENDICOTT, O. Why are there individual differences in subjective sequential organization during free-recall memorization? J.verb.learn. verb.behav.,8,1969,316-319

EBBINGHAUS, H. Über das Gedächtnis. Leipzig: Duncker und Humblot, 1885

EDWARDS, A.L. Versuchsplanung in der Psychologischen Forschung. Ins Deutsche übertragen von H. HUBER und W. STREHSE. Weinheim: Beltz, 1971

EELLS, K. und Mitarb. Intelligence and cultural differences. Chicago, Univ. of Chicago Press, 1951

EISENSTADT, S.N. From generation to generation. Age groups and social structure. London, 1956

EMMERICH, W. Parental identification in young children. Genet.Psychol.Monogr., 60, 1959, 257-308

ENDLER, N.S., BOULTER, L.R. und OSSER, H. (Hrsg.). Contemporary Issues in developmental psychology, London: Holt, Rinehart und Winston, 1968

EPSTEIN, W. The influence of syntactical structure on learning. Amer.J.Psychol., 74, 1961, 80-85

EPSTEIN, W. A further study of syntactical structure and learning. Amer.J.Psychol., 75, 1962, 121-126

EPSTEIN, W. Some conditions of the influence of syntactical structure on learning. J.verb.learn.verb.behav.,6, 1967, 415-419

EPSTEIN, W. Recall of word lists following learning of sentences and of anomalous and random strings. J.verb.learn.verb.behav., 8, 1969, 20-25

ERVIN, S.M. Imitation and structural change in children's language. In: E.H. LENNEBERG (Hrsg.), New Directions in the study of language. Cambridge, Mass. M.I.T. Press, 1964, 163-189

ERVIN-TRIPP, S. Changes with age in the verbal determinants of word-association. Amer.J.Psychol.,74, No. 3, 1961, 361-372

EWERT, O. Erziehungsstile in ihrer Abhängigkeit von sozialen Normen. In: Th. HERRMANN (Hrsg.), Psychologie der Erziehungsstile. Göttingen, Hogrefe, 1966, 61-76

FLAVELL, J.H., FRIEDRICHS, A.G. und HOYT, J.D. Developmental changes in memorization processes. Cognitive Psychology, 1, 1970, 324-340

FLAVELL, J.H., BEACH, R. und CHINSKY, J. Developmental changes in memorization processes. Child Develop. 37, No. 2, 1966

FRASER, C., BELLUGI, U. und BROWN, R. Control of grammar in imitation, comprehension, and production. J.verb.learn.verb.behav., 2, 1963, 121-135

GALLAGHER, J.J. und HARRIS, H.J. Emotional problems of adolescents. New York, 1964

GARAI, J.E. Identification. In: A. KIDD und J.E. RIVOIRE (Hrsg.), Perceptual development in children. New York, Intern.University Press Inc., 1966

GARDNER, R.W. Cognitive styles in categorization behavior. J.Pers., 22, 1953, 214-233

GARRETT, M. und FODOR, J.A. Psychological theories and linguistic constructs. In: T. DIXON und D. HORTON (Hrsg.), 1968

GARSKOF, B. und HOUSTON, J. Measurement of verbal relatedness: an ideographic approach. Psychol.Rev., 70, 1963, 277-288

GESELL, A. Das Alter von Zehn bis Sechzehn. Bad Nauheim, 1958, 2.Aufl. 1964

GOSLIN, D.A. Handbook of Socialization Theory and Research. Chicago, 1969

GOSS, A.E. Acquisition and use of conceptual schemes. In: COFER, C.N. (Hrsg.), Verbal Learning and verbal Behavior. New York,McGraw-Hill, 1961, 42-69

HALBWACHS, M. Das Gedächtnis. Luchterhand, Neuwied, 1966

HARLOW, H.F. The formation of learning sets. Psychol.Rev., 56, 1949, 51-65

HARTUP, W.W. Peer Relations. In: Th. SPENCER und N. KASS (Hrsg.), Perspectives in Child Psychology, Research and Review. New York, McGraw-Hill, 1970

HARTUP, W.W. Peer Interaction and Social Organization. In: MUSSEN, P.H. (Hrsg.), Carmichael's Manual of Child Psychology. New York: Wiley, 1946, 3.Aufl., 1970, 361-456

HARRIS, P.B. und TSENG, S.C. Children's attitudes toward peers and parents as revealed by sentence completions. Child Developm., 28, 1957, 401-411

HAVIGHURST, R.J. und BREESE, F.H. Relation between ability and social status in a midwestern community: III, primary mental abilities. J.Educ. Psychol., 38, 1947, 241-247

HAYS, W.L. Statistics for Psychologists. New York: Holt, Rinehart und Winston, 1963

HEBB, D.O. The Organization of Behavior. New York: John Wiley, 1949

HETZER, Hildegard. Systematische Dauerbeobachtungen an Jugendlichen über den Verlauf der negativen Phase. Z.Pädagogische Psychol. u.exp.Pädagogik, 28, 1927, 80-96

HESS, R.D. und SHIPMAN, V.C. Early experience and the socialization of cognitive modes in children. Child Developm., 36, 1965, 869-886

HOBSON, J.R. Sex differences in primary mental abilities. J.Educ.Res., 41, 1947, 126-132

HOLLINGSHEAD, A.B. und REDLICH, F.C. Social class and mental illness. A community study. New York, 1958

HOLZMAN, P.S. The relation of assimilation tendencies in visual, auditory, and kinesthetic time-error to cognitive attitudes of leveling and sharpening. J.Pers., 22, 1954, 375-394

HOLZMAN, P.S. und KLEIN, G.S. Cognitive system principles of leveling and sharpening. Individual differences in assimilation effects in visual time error. J.Psychol., 37, 1954, 105-122

HÖRMANN, H. Psychologie der Sprache. Berlin, Heidelberg, Springer, 1967

HOVLAND, C.I. Human learning and retention. In: S.S. STEVENS (Hrsg.), Handbook of experimental psychology. New York, London, 1951

HOWES, D.H. On the relation between the probability of a word as an associate and in general linguistic contexts. J.abnorm.soc.Psychol., 54, 1957, 75-85

HURLOCK, E.B. Adolescent development. New York: McGraw-Hill, 1949, 3.Aufl., 1967

INHELDER, B. Memory and intelligence in the child. In: D. ELKIND und J.H. FLAVELL (Hrsg.) Studies in cognitive development. New York, Oxford Univ.Press, 1969

IRWIN, D.L. The mastery of vowel and consonant sounds during the period of infancy. Amer.Psychologist, 2, 1947, 314 ff.

IRWIN, O.C. Infant speech: The effect of family occupational status and of age on use of sound frequency. Speech and Hearing Disorders, 13, 1948, 320-323

IRWIN, O.C. Infant speech: The effect of family occupational status and of age on use of sound types. Speech and Hearing Disorders, 13, 1948, 224-226

ISAACS, S. Social development in young children. New York, 1933

JENKINS, J.J. The acquisition of language. In: D.A. GOSLIN (Hrsg.) 1969

JENSEN, A.R. Social class and verbal learning. In: M. DEUTSCH, I. KATZ und A.R. JENSEN (Hrsg.), Social class, race, and psychological development. New York: Holt, Rinehart und Winston, 1968

JENSEN, A.R. und ROHWER, W.D. Syntactical mediation of serial and paired-associate learning as a function of age. Child Developm., 36, 1965, 601-608

JENSEN, A.R. und ROHWER, W.D. What is learned in serial learning? J.verb.learn.verb.behav., 4, 1965, 65-72

JOHN, V.P. The intellectual development of slum children. Some preliminary findings. Amer.J.Orthopsychiat., 33, 1963, 813-822

JOHNSON, N. The psychological reality of phrase-structure rules. J.verb.learn.verb.behav., 4, 1965, 469-475

KAGAN, J. The concept of identification. Psychol.Rev., 65, No. 5, 1958

KANT, I. Kritik der Reinen Vernunft. Erster Teil. Wissenschaftl. Buchgesellschaft, Darmstadt, 1968

KATONA, G. Organizing and memorizing. New York: Columbia Univ. Press, 1940

KEMPEN, G. Memory for word and sentence meaning: a set-feature model. Nijmegen, 1970

KENDLER, T.S. und KENDLER, H.H. Reversal and nonreverseal shifts in kindergarden children. J.exp.Psychol., 58, 1959, 56-60

KELLY, G.A. The Psychology of Personal Constructs. New York: Norton, 1955

KING, D.J. On the accuracy of written recall: a scaling and factor analytic study. Psychol.Rev., 10, 1960, 113-122

KINTSCH, W. Learning, Memory, and Conceptual Processes. New York, J. Wiley, 1970

KOCH, Helen. The relation of primary mental abilities in five and six year olds to sex and characteristics of siblings. Child Developm., 25, 1954, 209-223

KOPPENAAL, R.J., KRULL, A. und KATZ, H. Age, Interference, and forgetting. J.exp.Child Psychol., 1, 1964, 360-375

KORNADT, H.-J. Experimentelle Untersuchungen über qualitative Änderungen von Reproduktionsinhalten. Psychologische Forschung, 25, 1958, 353-423

LACHMANN, R. und TUTTLE, H. Approximations to English and short-term memory: construction and storage. J.exp.Psychol.,70,1965, 386-393

LABOV, W. Linguistic research on the non-standard English of Negro children. New York: N.Y. Soc.Exp.Study Educ., 1965

LAWTON, D. Social class, language, and education. London: Routledge und Kegan Paul, 1968

LAWTON, D. Social class differences in language development: A study of some samples of written work. Language and Speech, 6, 1963, 120-143

LAZOWICK, L. On the nature of identification. J.abnorm. soc.Psychol., 51, 1955, 175-183

LOBAN, W.D. Language ability: Grades seven, eight and nine. Cooperative Res.Project No. 1131, Univ.of Calif., 1964

LOCKARD, J. und SIDOWSKI, J. Learning in fourth and six graders as a function of sensory mode, of stimulus presentation, and overt or covert practice. J.Educ.Psychol., 52, 1961, 262-265

LOVAAS, O.I. A program for the establishment of speech in psychotic children. In: J.K. WING (Hrsg.), Childhood autism. Oxford: Pergamon Press, 1966, 115-144

LURIA, A.R. The role of speech in the regulation of normal and abnormal behavior. New York: Life Rights Publ., 1961

MACCOBY, E.E. (Hrsg.), The development of sex differences. Stanford Univ. Press, 1966

MANDLER, G. Organization and Memory. In: K.W. SPENCE und J.T. SPENCE (Hrsg.), The psychology of learning and motivation, Advances in research and theory. New York: Academic Press, 1966

MANDLER, G. From Association to Structure. Psychol.Rev., 69, 1962, 415-427

MANDLER, G. Verbal learning. In: New Directions in Psychology III. New York: Holt, Rinehart und Winston, 1967

MANDLER, G. Association and Organization: Facts, Fancies, and Theories. In: T. DIXON und D. HORTON (Hrsg.), 1968

MARKS, L und MILLER, G.A. The role of semantic and syntactic constraint in the memorization of English sentences. J.verb.learn.verb.behav., 3, 1964, 1-5

MARSHALL, G.R. und COFER, C.N. Associative indices as measures of word relatedness: A summary and comparison of ten methods. J.verb.learn.verb.behav., 1, 1963, 408-421

MARTIN, E. und ROBERTS, K.H. Grammatical factors in sentence retention. J.verb.learn.verb.behav., 5, 1966, 211-218

MATTHEWS, W. Transformational complexity and short term recall. Language and Speech, 11, 1968, 120-128

McCANDLESS, B.R. Childhood Socialization. In: D.A. GOSLIN (Hrsg.), 1969

McCARTHY, D. The language development of the preschool child. Minneapolis: Univ. of Minnesota Press, 1930

McCARTHY, D. Some possible explanation of sex differences in language development and disorders. J.Psychol., 35, 1953, 155-160

McCARTHY, D. Language development in children. In: L. CARMICHAEL (Hrsg.), Manual of child psychology. New York: Wiley, 1954, 492-630

McGEOCH, J.A. und IRION, A.L. The psychology of human learning. 2.Aufl., New York, Longmans, 1952

McMAHON, L. Grammatical analysis as part of understanding a sentence. Doctoral dissertation, Harvard Univ., 1963

McNEMAR, E. The revision of the Stanford-Binet Scale: An analysis of the standardization data, Boston, Houghton Mifflin, 1942

MEAD, G.H. Mind, Self, and Society. Chicago: Univ. of Chicago Press, 1934

MEHLER, J. Some effects of grammatical transformations on the recall of English sentences. J.verb.learn. verb.behav., 2, 1963, 346-351

MEHLER, J. und CAREY, P. The role of surface and base structure in the perception of sentences. J.verb. learn.verb.behav., 6, 1967

MELTON, A.W. und IRWIN, J.McQ. The influence of interpolated learning on retroactive inhibition and the overt transfer of specific responses. Amer.J. Psychol., 53, 1940, 173-203

MESSICK, S. Die Erfassung kognitiver Stile und Persönlichkeitsmerkmale. In: K.H. INGENKAMP und Th. MARSOLEK (Hrsg.), Weinheim/Bergstraße, 1968

MEYER, W.J. Relationships between social need strivings and the development of heterosexual affiliations. In: R.E. GRINDER (Hrsg.) Studies in adolescence. New York, 1967

MILLER, G.A. The magical number seven plus or minus two: some limits on our capacity for processing information. Psychol.Rev., 63, 1956a, 81-96

MILLER, G.A. Human memory and the storage of information. I.R.E. Trans.information Theory, 1956 b, 129-137

MILLER, G.A. Some psychological studies of grammar. Amer. Psychologist, 17, 1962, 748-762

MILLER, G.A., GALANTER, E. und PRIBRAM, K.H. Plans and the structure of behavior. New York: Holt, Rinehart und Winston, 1960

MILNER, E. A study of the relationships between reading-readiness in grade-one school children and patterns of parent-child interaction. Child Developm., 22, 1951, 95-122

MOORE, H. und KLEINING, G. Das Bild der sozialen Wirklichkeit. Analyse der Struktur und der Bedeutung eines Images. Köln Z.f.Soziol. und Sozialpsychol., 11, 1959, 353-376

MOORE, H. und KLEINING, G. Das soziale Selbstbild der Gesellschaftsschichten in Deutschland. Köln, Z.f.Soziol. und Sozialpsychol., 12, 1960, 86-119

MOORE, T. Language and intelligence: A longitudinal study of the first eight years. Part II: Environmental correlates of mental growth. Human Developm., 11, 1968, 1-24

MORAN, M. The effect of syntactic structures on the learning of verbal material. Senior honor thesis. Penns.State Univ., 1965

MORENO, J.L. Who shall survive? 2.Aufl.Beacon, New York, Beacon House, 1953

MOSS, H.A. Sex, age, and state as determinants of mother-infant interaction. Merrill-Palmer-Quarterly, 13, 1967, 19-36

MUNN, N.L. Learning in children. In: L. CARMICHAEL (Hrsg.) Manual of child psychology. New York: Wiley, 1954, 374-458

MURDOCK, B.B. The serial position effect of free recall. J.exp.Psychol., 64, 1962, 482-488

MUSSEN, P.H. Some antecedents and consequents of masculine sex-typing in adolescent boys. Psychol.Monogr., 75, 1961, No. 2

MUSSEN, P.H., CONGER, J.J. und KAGAN, J. Child Development and Personality. Harper und Row: London, 1956, 2.Aufl., 1963

MUSSEN, P.H. und DISTLER, L. Masculinity, identification, and father-son relationships. J.abnorm.soc.Psychol., 59, 1959, 350-356

NEISSER, U. Cognitive Psychology. Appleton-Century-Crofts, New York, 1967

NICKEL, H. Untersuchungen zur Entwicklung des sprachlichen Gedächtnisses im 10. bis 15. Lebensjahr. Z.exp.ang. Ps., Bd. XV, 1968, 122-146

NOBLE, C.E. An analysis of meaning. Psychol.Rev., 59, 1952, 421-430

OERTER, R. Moderne Entwicklungspsychologie. Donauwörth, L. Auer, 2.Aufl., 1968

OEVERMANN, U. Sprache und soziale Herkunft. Unveröffentl. Dissertation, Frankfurt, 1967

OEVERMANN, U. Soziale Schichtung und Begabung. Zeitschrift für Pädagogik. 6.Beiheft, Weinheim/Bergstraße, 1966

OEVERMANN, U. Schichtungsspezifische Formen des Sprachverhaltens und ihr Einfluß auf die kognitiven Prozesse. In: Deutscher Bildungsrat, Gutachten und Studien der Bildungskommission, Stuttgart, 1968

OLDFIELD, R. und ZANGWILL, O. Head's concept of the schema. Brit.J.Psychol., 32, 1941, 267-285

OLDFIELD, R. und ZANGWILL, O. Bartlett's theory of memory. Brit.J.Psychol., 33, 1942, 113-129

OLERON, P. Die Einstellung im Denken. In: C.F. GRAUMANN (Hrsg.), Denken. Köln, Kiepenheuer und Witsch, 1965

OSGOOD, C.E. On understanding and creating sentences. Amer.Psychologist, 18, 1963, 735-751

OSGOOD, C.E. Comments on Prof. Bousfield's paper. In: C.N. COFER (Hrsg.), Verbal Learning and Verbal Behavior. New York: McGraw-Hill, 1961

OSGOOD, C.E. Psycholinguistics. In: S. KOCH (Hrsg.), Psychology: A study of a science. Bd. 6, New York: McGraw-Hll, 1963

OSGOOD, C.E. Toward a Wedding of Insufficiencies. In: T. DIXON und D. HORTON (Hrsg.), 1968

PALERMO, D.S. und JENKINS, J.J. Word association norms: grade school through college. Minneapolis: Univ. of Minnes.Press, 1964

PARSONS, T. The social system. New York: Free Press, 1951

PARSONS, T. Family structure and the socialization of the child. In: T. PARSONS und R.F. BALES (Hrsg.), Family, socialization and interaction process. Glencoe. III.: Free Press, 1955, 35-131

PARSONS, T. Sociological Theory and Modern Society. New York, 1967

PAYNE, D.E. und MUSSEN, P.H. Parent-child relations and father identification among adolescent boys. J.abnorm.soc.Psychol., 52, 1956, 358-362

PERFETTI, C. Lexical density and phrase structure depth as variables in sentence retention. J.verb.learn. verb.behav., 8, 1969, 719-724

PETERSON, L.R. und PETERSON, M.J. Short-term retention of individual verbal items. J.exp.Psychol., 58, 1959, 193-198

PIAGET, J. La formation du symbole chez l'enfant. Neuchatel et Paris: Delachaux et Niestlé, 1946

PIAGET, J. Le langage et la pensee chez l'enfant. Neuchatel et Paris: Delachaux et Niestlé, 1923

POLLIO, H.R. Associative structure and verbal behavior. In: T. DIXON und D. HORTON (Hrsg.), 1968

POSTMAN, L. und ADAMS, P.H. Studies in incidental learning VII. The effects of contextual determination. J.exp.Psychol., 59, 1960, 153-164

RAPAPORT, D. Emotions and Memory. Baltimore: Williams and Wilkins, 1942

RAPAPORT, D. Toward a theory of thinking. In: D. RAPAPORT (Hrsg.), Organization and Pathology of Thought. New York: Columbia Univ. Press, 1951, 697-730

REESE, H.W. Verbal mediation as a function of age level. Psychol.Bull., 59, 1962, 502-509

REICHWEIN, R. Sprachstruktur und Sozialschicht. In: B. BERNSTEIN, U. OEVERMANN, R. REICHWEIN und H. ROTH (Hrsg.), Lernen und soziale Struktur. Amsterdam: de Munter, 1970

RHEINGOLD, H. und BAYLEY, N. The later effects of an experimental modification of mothering. Child Developm., 30, 1959, 68-73

ROLFF, H.-G. Sozialisation und Auslese durch die Schule. Heidelberg, 1967

RONGVED, M. Sex differences in selfperception. Ber. über den 16. Intern.Kongr.für Psychol., Amsterdam, 1960

ROSENBERG, S. Recall of nonsense sentences as a function of grammatical cues. Paper read at Psychonomic Society, Niagara Falls, 1964

ROSSI, E. Development of classificatory behavior. Child Developm., 35, 1964, 137-142

ROTHKOPF, E.Z. und COKE, E.H. The prediction of free recall from word association measures. J.exp.Psychol., 62, 1961, 433-438

RUBENSTEIN, H. und ABORN, M. Immediate recall as a function of degree of organization and length of study period. J.exp.Psychol., 48, 1954, 146-152

RUBINSTEIN, S.L. Grundlagen der Allgemeinen Psychologie. Aus dem Russischen übersetzt von H. HARTMANN, 5. Aufl. Berlin, Volk und Wissen, 1962

SAVIN, H. und PERCHONOK, E. Grammatical structures and the immediate recall of English sentences. J.verb. learn.verb.behav., 4, 1965, 348-353

SCHATZMAN, L. und STRAUSS, A. Social class and modes of communication. Amer.Sociol.Rev., 60, 1955, 329-338

SCHULMAN, N.J. und HAVIGHURST, R.J. Relations between ability and social status in a midwestern community IV: Size of vocabulary. J.Educ.Psychol., 35, 1947, 437-442

SEARS, R.R. Identification as a form of behavioral development. In: D.B. HARRIS (Hrsg.), The concept of development. Minneapolis: Univ.Minnesota Press, 1957, 149-161

SECORD, P.F. und BACKMAN, C.W. Social Psychology. New York: McGraw-Hill, 1964

SHAPIRO, S.S. Word associations and meaningfulness values for grade-school-aged children. Psychol.Rep., 15, 1964, 447-455

SHEFFIELD, F.D. und MACCOBY, N. Summary and interpretation of research on organizational principles in constructing filmed demonstrations. In: A.A. LUMSDAINE (Hrsg.), Student response in progr. instruction: A symposium, Washington, 1961, 117-131

SHERIF, M. und CANTRIL, H. The psychology of ego-involvements. New York: Wiley, 1947

SHUELL, J. Clustering and organization in free recall. Psychol.Bull., 5, 1969, 353-3

SIDDIQI, J.A. Experimentelle Untersuchungen über den Zusammenhang von Sprachgestalt und Bedeutung. Meisenheim/Glan, 1965

SIDDIQI, J.A. Die drei semantischen Räume: eine allgemeine Theorie der psychologischen Bedeutung, Mainz, 1967

SKINNER, B.F. Verbal Behavior. New York: Appleton-Century-Crofts, 1957

SLOBIN, D.I. Imitation and grammatical development in children. In: ENDLER, L.BOULTER und H. OSSER (Hrsg.), 1968

SLOBIN, D.I. und WELSH, Ch.A. Elicited Imitation as a Research Tool in Developmental Psycholinguistics. Working Paper No. 10 of the Language-Behavior Research Laboratory, Univ. of Calif., Berkeley, 1968

TEMPLIN, M.C. Certain language skills in children. Minneapolis: Minnesota Press, 1957

TERMAN, L.M. und TYLER, L.E. Psychological sex differences. In: L. CARMICHAEL (Hrsg.), Manual of child psychology. 2.Aufl., New York, Wiley, 1954

THOMAS, D.R. Oral language sentence structure and vocabulary of kindergarden children living in low socio-economic urban areas. Detroit, Mich., Dissertation, 1962

TOLMAN, E.C. Principles of purposive behavior. In: S. KOCH (Hrsg.), Psychology: A study of a science. Bd. 2, New York: McGraw-Hill, 1959

TRAUTNER, H.M. Zusammenhänge zwischen Erziehungsstil und Elternzentriertheit bei 10 bis 14jährigen Mädchen. Dissertation, Mainz, 1969

TULVING, E. Subjective Organization in free recall of unrelated words. Psychol.Rev., 69,1962, 344-354

TULVING, E. Intratrial and intertrial retention: notes toward a theory of free recall verbal learning. Psychol.Rev., 71, 1964, 219-237

TULVING, E. Theoretical issues in free recall. In: T. DIXON und D. HORTON (Hrsg.), 1968

TYLER, L.E. The psychology of human differences. New York: Appleton-Century-Crofts, 1947, 3.Aufl., 1965

UNDERWOOD, B.J. Proactive inhibition as a function of time and degree of prior learning. J.exp.Psychol., 39, 1949, 24-34

UNDERWOOD, B.J. und SCHULZ, R.W. Meaningfulness and verbal learning. Lippincott, Philadelphia, 1960

VYGOTSKY, L.S. Thought and Language. New York: M.I.T.Press and Wiley, (1934 original), 1962

WACHS, T.D. Free recall learning in children as a function of chronological age, intelligence, and motivational orientation. Child Developm., 40, 1969, 577-589

WEINERT, F. Untersuchungen über einige Bedingungen des sprachlichen Lernens bei Kindern und Jugendlichen. Vita humana, 5, 1962, 185-194

WELLEK, A. Das Problem des seelischen Seins: Die Strukturtheorie Felix Kruegers: Deutung und Kritik. Barth, Leipzig, 1941, 2.Aufl., Meisenheim/Glan, Wien, 1953

WELLEK, A. Die Polarität im Aufbau des Charakters: System der konkreten Charakterkunde. Francke, Bern, 1950, 1959, 3.Aufl., 1966

WELLEK, A. Ganzheitspsychologie und Strukturtheorie: Zehn Abhandlungen zur Psychologie und philosophischen Anthropologie. Francke, Bern, 1955 (Darin: Gedächtnis und Erinnerung.)

WELLMAN, B.L., CASE, J.M., MENGERT, I.G. und BRADBURY, E. Speech sounds of young children. Univ. Iowa, Study Child Welfare, 5, 1931

WHITEMAN, M., BROWN, B. und DEUTSCH, M. Some effects of social class and race on children's language and intellectual abilities. In: M. DEUTSCH und Mitarb., The disadvantaged child. New York: Basic Books, 1967, 319-335

WHITEMAN, M. und DEUTSCH, M. Social disadvantage as related to intellective and language development. In: M. DEUTSCH, I. KATZ und A.R. JENSEN (Hrsg.), Social class, race, and psychological development. New York: Holt, Rinehart und Winston, 1968

WINER, B. Statistical principles in experimental design. New York: McGraw-Hill, 1962

WINTERMANTEL, M. Über das Behalten von Gedichten als Funktion der Sinnhaftigkeit, der grammatischen Struktur und der emotionalen Bedeutsamkeit. Unveröffentl. Vordiplomarbeit, Mainz, 1969

WITKIN, H.A. Social influences in the development of cognitive style. In: D.A. GOSLIN (Hrsg.), 1969

WITTGENSTEIN, L. Preliminary studies for the "Philosophical investigations". The Blue and Brown Books. Herausgegeben von Rush RHEES. Blackwell, Oxford, 1958

WRIGHT, P. Two studies of the depth hypothesis. Brit.J. Psychol., 60, 1969a, 63-69

WRIGHT, P. Transformations and the understanding of sentences. Language and Speech, 12, 1969b, 156-166

WULFF, F. Über die Veränderungen von Vorstellungen (Gedächtnis und Gestalt). Psychologische Forschung, 1, 1921, 333-373

YNGVE, V. A model and a hypothesis for language structure. Proceedings of the American Philosophical Society, 104, 1960, 444-466

YOUNG, F.M. Development as indicated by a study of pronouns. J.Genet.Psychol., 61, 1942, 125-134

ANHANG

1. Definition der Skalenwerte für den sozio-ökonomischen Status einer Familie

2. Instruktionen

3. Auswertebeispiele

4. Daten

1. Definition der Skalenwerte für den sozioökonomischen Status einer Familie

definiert durch den Beruf des Vaters (eingestuft mit der SSE-Skala von MOORE und KLEINING)

1 = Spitzenpositionen in Wirtschaft, Verwaltung und öffentlichem Leben (z.B. Ministerialdirigent; Universitätsrektor; Generalstaatsanwalt)

2 = Höhere Beamte oder Angestellte, Freie Berufe (z.B. Personalchef; Rechtsanwalt)

3 = Mittlere Beamte oder Angestellte, Fachschullehrer (z.B. Bürovorsteher; Versicherungsinspektor)

4 = Kleine Angestellte und Beamte, nichtindustrielle Meister, kleine und mittlere Selbständige

5 = Industriemeister, Facharbeiter mit Überwachungsfunktionen (z.B. Obersteiger; Schlossermeister)

6 = Unterste Angestellte, Handwerksgesellen (z.B. Kellner; Postschaffner)

7 = Industrielle Facharbeiter

8 = Einfache Arbeiter

9 = Unständig Beschäftigte (z.B. Parkwächter; Zeitungsträger)

2. Instruktionen

1. Versuchsphase 1 (soziometrisches Verfahren)

Die Instruktion zu dem in Gruppen durchgeführten Versuch lautete sinngemäß so: Stellt Euch bitte einmal vor, Ihr hättet in einem Preisausschreiben eine Reise gewonnen. Diese Reise dauert zehn Tage und geht in eine große Stadt. Damit Ihr nicht so alleine seid, dürft Ihr einen Freund bzw. eine Freundin aus dieser Klasse mitnehmen. Überlegt jetzt nicht lange und schreibt auf - jeder für sich-,wen Ihr am liebsten mitnehmen würdet.Wenn es mehrere Namen sind, dann schreibt den zuerst auf, den Ihr am liebsten mitnehmen würdet, dann den, den Ihr auch noch gerne mitnehmen würdet usw. So,und jetzt schreibt bitte den Namen von demjenigen Jungen bzw. Mädchen dieser Klasse auf, den bzw. die Ihr am wenigsten gerne mitnehmen würdet.

2. Versuchsphase 2 (Verfassen der Sprachproben)

Der Wortlaut der Instruktion war etwa so:
Ich bitte Euch jetzt alle, einen kleinen Aufsatz zu schreiben. Weder Euer Deutsch-Lehrer noch der Direktor wird den Aufsatz zu lesen bekommen. Ich werde Euch keine Überschrift nennen; Ihr sollt über irgendetwas schreiben, das Euch gerade einfällt.

3. Versuchsphase 3 (Behaltensprüfung)

Die Instruktion zu dem in Einzelversuchen durchgeführten Experiment lautete sinngemäß so: Du wirst gleich eine kurze Geschichte hören. Paß gut auf und sei aufmerksam, so daß Du alles mitbekommst und auch nachher noch möglichst viel davon weißt.

3. Auswertebeispiele

1. Sprachprobe (Martin S., 11J., Oberschule)
Die Schlümpfe sind kleine, blaue Lebewesen. Die reden in der Schlumpfsprache. Zum Beispiel: "Der Schlumpf schlumpft". Diese kleinen Wesen können sehr schnell rennen. Sie gehen viel zur Schlumpfveranstaltung, zum Rennen. Manchmal schminken sich die Damen so lange, bis ihre Gesichtchen nicht mehr zu erkennen sind. Dann gehen sie als ganz feine Damen durch die Stadt. Alle Schlümpfe verbeugen sich dann. Sie gehen dann ganz lange durch die Straßen. Und wenn sie am nächsten Tag nicht mehr da sind, dann trauern alle und töten sich sogar. Dieses ist dann sehr schlimm.Sie trauern dann, bis sie sich wieder zeigen.

2. Wortlaut der Wiedergabe[1] (Christiane T.,Klassenkam.)
Die Schlümpfe sind kleine, blaue Gestalten. Die sprechen in der Schlumpfsprache. Die Damen schminken sich so sehr, bis man sie nicht mehr erkennt. Dann gehen sie in die Stadt. Alle Schlümpfe verbeugen sich dann. Wenn die Damen am anderen Tag nicht mehr da sind, dann töten sich die Männer sogar. Dieses ist sehr traurig.

Anzahl der wiedergegebenen Wörter : 54
Reproduktionen : 44
Intrusionen : 1o
Diktionsdistanz : 18,5

---

[1] Die unterstrichenen Wörter sind Intrusionen

<u>1. Sprachprobe</u> (Bettina J., 14 J.,Oberschule)
Ich finde, Menschen sind abscheuliche Wesen. Ich kriege fast immer Kopfschmerzen, wenn ich mit Menschen zusammen sein muß. Meinen Hund haben sie überzüchtet, daß er getötet werden mußte. Mein Freund hat mich enttäuscht. So lebe ich still vergnügt in meiner Phantasie, was man ja ohne weiteres kann. Ob das oben Geschriebene meiner Phantasie entstammt, weiß ich selber gar nicht so genau. Teilweise zumindest stimmt es. Das Schlimme dabei ist, daß man ohne die anderen Menschen nicht auskommt. Am liebsten würde ich mich als Einsiedler, nur von meinen Tieren und meiner Gitarre begleitet, zurückziehen. Andererseits macht mir das Lernen unheimlichen Spaß.

<u>2. Wortlaut der Wiedergabe</u> (Arwed F., 14 J. Klassenkam.)
Ich finde, Menschen sind abscheuliche Wesen. Ich <u>komme</u> <u>nicht</u> <u>gerne</u> mit Menschen zusammen, <u>weil</u> ich <u>angewidert</u> <u>werde</u>. Meinen Hund haben sie überzüchtet und töten <u>lassen</u>. Mein Freund hat mich enttäuscht. Ich weiß nicht, ob das oben Geschriebene meiner Phantasie <u>entspricht</u>. Teilweise stimmt es.

Anzahl der wiedergegebenen Wörter : 45
Reproduktionen : 38
Intrusionen : 7
Diktionsdistanz : 15,6

1. Sprachprobe (Erika O., 11 J. Hauptschule)
Ich kenne eine Frau, die Hamster züchtet. Meine Eltern hatten mir erlaubt, daß ich mir einen Hamster holen dürfte. Da ich noch keinen Käfig hatte, setzte ich ihn in unser Aquarium. In der ersten Zeit war er noch etwas scheu, doch als er einen Käfig bekam und er klettern konnte, wurde er erst richtig zahm. Aber weil er nicht beim Schlaf gestört werden wollte, biß er jedem in den Finger, der in seine Nähe kam. Aber meine kleine Schwester hatte keine Angst vor ihm, denn es tut ja auch nicht weh.

2. Wortlaut der Wiedergabe (Karin Z., Freundin)
Meine Eltern haben mir erlaubt, daß ich mir einen Hamster hole. Ich machte ihm einen Platz in unserem Aquarium. Er war zuerst noch scheu. Als er klettern konnte, wurde er richtig zahm. Er biß jedem in den Finger. Aber meine Schwester hatte keine Angst vor ihm.

Anzahl der wiedergegebenen Wörter : 46
Reproduktionen : 42
Intrusionen : 4
Diktionsdistanz : 8,7

GRUPPE 1
JUNGEN ALTERSSTUFE 1 UNTERSCHICHT

	SPRACHPROBEN I		II		III		IV		V	
	R	I	R	I	R	I	R	I	R	I
1.	67.	9.	9.	2.	33.	3.	50.	9.	23.	4.
2.	76.	8.	47.	12.	60.	6.	77.	26.	43.	7.
3.	24.	2.	70.	6.	17.	4.	28.	6.	26.	8.
4.	37.	4.	67.	9.	22.	3.	9.	5.	65.	11.
5.	29.	3.	25.	4.	27.	4.	31.	12.	13.	4.
6.	29.	3.	29.	3.	36.	5.	30.	10.	29.	4.
7.	25.	3.	27.	3.	26.	3.	27.	8.	17.	5.
8.	32.	3.	23.	2.	66.	5.	11.	4.	55.	6.
9.	27.	3.	35.	5.	27.	4.	20.	7.	33.	7.
10.	23.	3.	51.	8.	39.	6.	21.	8.	30.	7.
11.	33.	4.	53.	7.	54.	6.	24.	7.	24.	5.
12.	54.	6.	55.	8.	23.	3.	27.	9.	38.	7.
13.	53.	5.	63.	6.	70.	11.	74.	23.	68.	17.
14.	33.	3.	36.	6.	65.	9.	73.	32.	56.	11.
15.	27.	3.	62.	10.	66.	8.	60.	14.	62.	19.

GRUPPE 2
JUNGEN ALTERSSTUFE 2 UNTERSCHICHT

	SPRACHPROBEN I		II		III		IV		V	
	R	I	R	I	R	I	R	I	R	I
1.	92.	9.	55.	5.	44.	5.	38.	17.	64.	13.
2.	53.	3.	33.	5.	102.	13.	16.	5.	31.	6.
3.	39.	4.	39.	8.	43.	7.	48.	11.	26.	9.
4.	47.	3.	73.	12.	48.	6.	30.	10.	28.	5.
5.	51.	2.	43.	6.	43.	3.	40.	9.	67.	7.
6.	86.	9.	45.	14.	48.	11.	47.	19.	41.	14.
7.	56.	6.	42.	6.	52.	9.	50.	15.	62.	15.
8.	36.	5.	85.	9.	38.	6.	28.	15.	37.	10.
9.	33.	2.	47.	9.	80.	15.	34.	20.	58.	21.
10.	32.	5.	25.	3.	44.	5.	31.	9.	11.	7.
11.	47.	4.	48.	7.	36.	8.	42.	17.	35.	13.
12.	44.	3.	55.	9.	43.	7.	26.	10.	40.	12.
13.	33.	3.	45.	7.	42.	9.	35.	16.	25.	8.
14.	29.	3.	37.	6.	55.	10.	43.	17.	33.	10.
15.	41.	5.	34.	5.	38.	7.	25.	13.	48.	15.

GRUPPE 3
JUNGEN ALTERSSTUFE 1 MITTELSCHICHT

	SPRACHPROBEN									
	I		II		III		IV		V	
	R	I	R	I	R	I	R	I	R	I
1.	62.	9.	54.	9.	73.	14.	71.	25.	68.	13.
2.	65.	11.	82.	19.	62.	14.	82.	19.	63.	16.
3.	51.	8.	60.	15.	70.	12.	87.	18.	39.	6.
4.	38.	11.	27.	5.	64.	18.	57.	21.	29.	5.
5.	50.	12.	77.	21.	72.	19.	67.	14.	53.	12.
6.	39.	5.	39.	11.	79.	17.	49.	16.	45.	13.
7.	44.	5.	58.	12.	57.	14.	50.	15.	40.	8.
8.	60.	7.	26.	5.	63.	7.	74.	12.	68.	15.
9.	43.	7.	36.	5.	64.	11.	45.	10.	83.	14.
10.	71.	13.	43.	10.	95.	12.	56.	17.	63.	9.
11.	39.	11.	29.	7.	83.	23.	64.	13.	23.	6.
12.	67.	12.	73.	17.	74.	23.	48.	8.	61.	10.
13.	35.	4.	46.	6.	83.	16.	44.	14.	41.	5.
14.	52.	7.	21.	5.	38.	9.	58.	18.	72.	12.
15.	51.	7.	27.	6.	58.	11.	54.	15.	47.	6.

GRUPPE 4
JUNGEN ALTERSSTUFE 2 MITTELSCHICHT

	SPRACHPROBEN									
	I		II		III		IV		V	
	R	I	R	I	R	I	R	I	R	I
1.	87.	8.	32.	4.	68.	8.	35.	15.	81.	9.
2.	85.	6.	41.	5.	53.	6.	33.	10.	40.	3.
3.	72.	5.	63.	8.	92.	8.	83.	23.	40.	4.
4.	65.	4.	36.	5.	39.	4.	49.	11.	37.	9.
5.	82.	6.	41.	4.	67.	4.	52.	16.	47.	3.
6.	57.	3.	52.	7.	67.	5.	34.	12.	95.	15.
7.	69.	4.	52.	3.	61.	8.	83.	24.	85.	15.
8.	74.	3.	40.	4.	91.	10.	41.	12.	50.	5.
9.	78.	6.	74.	15.	73.	14.	25.	7.	60.	9.
10.	58.	4.	67.	8.	64.	5.	39.	14.	98.	10.
11.	85.	7.	49.	4.	60.	5.	60.	23.	87.	6.
12.	46.	3.	57.	7.	39.	3.	24.	6.	29.	3.
13.	60.	4.	45.	7.	58.	8.	27.	9.	78.	9.
14.	57.	4.	29.	3.	14.	4.	49.	14.	44.	3.
15.	22.	2.	34.	5.	49.	4.	39.	14.	77.	12.

GRUPPE 5
MAEDCHEN ALTERSSTUFE 1 UNTERSCHICHT

	SPRACHPROBEN									
	I		II		III		IV		V	
	R	I	R	I	R	I	R	I	R	I
1.	38.	4.	30.	4.	25.	4.	18.	5.	21.	4.
2.	80.	8.	63.	10.	37.	5.	13.	6.	95.	16.
3.	91.	10.	58.	8.	95.	12.	45.	14.	80.	7.
4.	72.	9.	76.	12.	37.	5.	49.	18.	95.	13.
5.	61.	5.	72.	9.	29.	5.	11.	3.	76.	21.
6.	63.	7.	63.	10.	49.	6.	58.	19.	31.	3.
7.	92.	6.	67.	8.	86.	14.	49.	9.	63.	10.
8.	61.	4.	70.	10.	37.	3.	51.	9.	71.	9.
9.	39.	2.	50.	8.	27.	3.	42.	9.	90.	11.
10.	52.	8.	68.	10.	38.	7.	16.	8.	47.	10.
11.	45.	5.	61.	8.	65.	7.	26.	5.	56.	8.
12.	79.	7.	39.	6.	28.	4.	10.	3.	55.	12.
13.	56.	5.	65.	9.	38.	5.	14.	4.	76.	14.
14.	27.	3.	20.	3.	67.	6.	35.	8.	34.	6.
15.	26.	3.	42.	6.	45.	4.	50.	13.	32.	5.

GRUPPE 6
MAEDCHEN ALTERSSTUFE 2 UNTERSCHICHT

	SPRACHPROBEN I		II		III		IV		V	
	R	I	R	I	R	I	R	I	R	I
1.	42.	3.	46.	6.	79.	8.	42.	21.	76.	14.
2.	55.	5.	39.	4.	19.	4.	18.	9.	49.	7.
3.	86.	7.	73.	12.	86.	14.	35.	13.	30.	8.
4.	43.	3.	63.	10.	37.	5.	75.	19.	18.	4.
5.	43.	3.	45.	9.	28.	3.	7.	3.	17.	4.
6.	64.	6.	35.	3.	62.	15.	2.	1.	46.	8.
7.	66.	5.	79.	7.	75.	12.	11.	5.	87.	12.
8.	53.	2.	48.	5.	33.	4.	23.	5.	27.	6.
9.	50.	3.	20.	4.	48.	4.	32.	9.	49.	6.
10.	65.	5.	58.	5.	32.	5.	34.	9.	28.	7.
11.	60.	6.	34.	2.	60.	5.	30.	10.	84.	13.
12.	69.	6.	50.	4.	53.	5.	19.	8.	41.	12.
13.	77.	4.	74.	9.	59.	8.	29.	8.	34.	6.
14.	53.	7.	38.	7.	44.	6.	28.	12.	53.	16.
15.	56.	5.	20.	3.	10.	2.	12.	5.	25.	11.

GRUPPE 7
MAEDCHEN ALTERSSTUFE 1 MITTELSCHICHT

	SPRACHPROBEN									
	I		II		III		IV		V	
	R	I	R	I	R	I	R	I	R	I
1.	75.	15.	63.	17.	35.	17.	82.	18.	75.	11.
2.	79.	8.	79.	13.	34.	5.	49.	21.	38.	9.
3.	90.	12.	86.	14.	60.	9.	64.	15.	55.	8.
4.	76.	7.	39.	9.	86.	20.	47.	8.	54.	11.
5.	65.	7.	77.	8.	57.	9.	41.	14.	43.	8.
6.	68.	9.	78.	12.	34.	4.	38.	9.	73.	9.
7.	80.	8.	40.	5.	35.	12.	17.	8.	51.	7.
8.	78.	12.	72.	15.	69.	16.	9.	3.	51.	11.
9.	44.	5.	18.	3.	47.	17.	22.	10.	66.	12.
10.	63.	8.	48.	7.	31.	6.	41.	8.	46.	8.
11.	74.	8.	48.	5.	41.	9.	15.	6.	32.	6.
12.	64.	10.	35.	10.	4.	2.	21.	8.	38.	5.
13.	74.	11.	40.	6.	46.	12.	14.	6.	43.	8.
14.	25.	3.	58.	10.	45.	16.	11.	2.	51.	7.
15.	58.	7.	83.	14.	71.	12.	45.	9.	31.	6.

GRUPPE 8
MAEDCHEN ALTERSSTUFE 2 MITTELSCHICHT

	SPRACHPROBEN I		II		III		IV		V	
	R	I	R	I	R	I	R	I	R	I
1.	89.	5.	75.	4.	54.	14.	63.	32.	63.	6.
2.	53.	5.	50.	8.	46.	5.	30.	9.	36.	6.
3.	83.	9.	98.	10.	90.	13.	38.	18.	74.	5.
4.	26.	2.	64.	9.	28.	8.	13.	6.	75.	14.
5.	106.	6.	92.	8.	104.	14.	36.	23.	58.	6.
6.	50.	7.	116.	13.	99.	4.	40.	8.	97.	7.
7.	69.	5.	61.	7.	78.	10.	13.	4.	54.	5.
8.	92.	9.	90.	10.	76.	23.	44.	14.	80.	13.
9.	19.	2.	42.	5.	18.	3.	16.	4.	50.	11.
10.	60.	3.	74.	10.	93.	8.	42.	7.	92.	13.
11.	56.	4.	72.	11.	61.	5.	59.	5.	102.	8.
12.	49.	3.	78.	8.	80.	10.	37.	6.	54.	5.
13.	72.	6.	72.	8.	91.	9.	53.	9.	89.	8.
14.	69.	4.	93.	6.	86.	16.	45.	3.	89.	7.
15.	64.	3.	34.	3.	31.	10.	37.	5.	93.	11.

TABELLEN DER MITTELWERTE UND STANDARDABWEICHUNGEN

I. REPRODUKTIONEN

SPRACHPROBEN

	I		II		III		IV		V	
	M	SD	M	SD	M	SD	M	SD	M	SD
1.	37.9	16.6	43.5	18.6	42.1	19.2	37.5	23.1	38.8	18.2
2.	47.9	18.6	47.1	15.4	50.4	17.7	35.5	9.7	40.4	16.4
3.	51.1	11.6	46.5	20.0	69.0	13.6	60.4	13.4	53.0	17.0
4.	66.5	17.5	47.5	13.4	59.7	19.8	44.9	18.5	63.2	23.5
5.	58.8	21.3	56.3	16.5	46.9	21.7	32.5	17.5	61.5	24.5
6.	58.8	12.7	48.1	18.4	48.3	22.2	26.5	17.6	44.3	22.7
7.	67.5	16.0	57.6	21.0	46.3	20.0	34.4	21.3	49.8	13.5
8.	63.8	23.5	74.1	22.0	69.0	27.7	37.7	15.1	73.7	20.1

GRAPHOMATZEICHNUNG FERTIG

2. INTRUSIONEN

	SPRACHPROBEN I		II		III		IV		V	
	M	SD	M	SD	M	SD	M	SD	M	SD
1.	4.1	2.0	6.1	3.0	5.3	2.4	12.0	8.3	8.1	4.6
2.	4.4	2.2	7.1	2.4	8.1	3.2	13.5	4.3	10.8	4.3
3.	8.6	2.9	10.2	5.5	14.7	4.7	15.7	4.3	10.0	3.8
4.	4.6	1.7	5.9	3.0	6.4	2.9	14.0	5.6	7.7	4.2
5.	5.7	2.4	8.1	2.4	6.0	3.1	8.9	5.1	9.9	4.8
6.	4.7	1.6	6.0	2.9	6.7	4.0	9.1	5.5	8.9	3.8
7.	8.7	3.0	9.9	4.2	11.1	5.4	9.7	5.3	8.4	2.1
8.	4.9	2.2	8.0	2.7	10.1	5.3	10.2	8.2	8.3	3.2

GRAPHOMATZEICHNUNG FERTIG

3. DIKTIONSDISTANZEN

	SPRACHPROBEN I		II		III		IV		V	
	M	SD	M	SD	M	SD	M	SD	M	SD
1.	10.8	1.4	14.4	4.8	13.3	3.7	33.4	9.2	21.7	6.5
2.	9.3	3.2	15.4	3.5	16.2	4.5	38.9	10.9	29.3	11.9
3.	17.0	5.7	21.5	4.5	21.4	5.7	26.4	6.7	19.1	5.0
4.	6.9	1.3	12.2	3.4	11.5	5.8	31.5	5.4	11.9	4.9
5.	9.9	2.6	14.4	1.3	13.0	3.1	29.1	9.5	16.4	4.9
6.	7.9	2.2	12.8	4.6	14.2	4.8	37.6	9.8	22.2	8.3
7.	12.8	2.8	17.4	5.4	26.2	12.1	31.2	11.0	17.2	3.4
8.	7.9	2.6	11.0	3.0	16.5	8.8	28.3	17.0	11.8	4.7

GRAPHOMATZEICHNUNG FERTIG

Psychologia Universalis

Forschungsergebnisse aus dem Gesamtgebiet der Psychologie
Herausgegeben von Eberhard Bay – Willy Hellpach † –
Wolfgang Metzger – Wilhelm Witte

Band

1 **Willy Hellpach · Universelle Psychologie eines Genius – Goethe**
1952 – XXXIV, 138 Seiten – brosch. 13,50 DM – geb. 16,50 DM

2 **Rainer Fuchs · Gewißheit, Motivation und bedingter Reflex**
1954 – 144 Seiten – brosch. 12,50 DM – geb. 15,– DM

3 **Theodora Mayer · Erfahrungsbildung bei Tieren**
1957 – 172 Seiten – brosch. 18, – DM – geb. 21, – DM

4 **Erich König · Experimentelle Beiträge zur Theorie des binokularen Einfach- und Tiefensehens**
1962 – II, 164 Seiten – 3 Falttafeln – brosch. 22,10 DM

5 **Heinrich Kottenhoff · Was ist richtiges Sehen mit Umkehrbrillen und in welchem Sinne stellt sich das Sehen um?**
1961 – VIII, 148 Seiten – 22 Bildtafeln – brosch. 20, – DM

6 **Heinz Heckhausen · Hoffnung und Furcht in der Leistungsmotivation**
1963 – 388 Seiten – brosch. 46,50 DM – geb. 49,50 DM

7 **Gustav A. Lienert · Belastung und Regression**
1964 – X, 117 Seiten – 11 Abbildungen – 21 Tabellen – 10 Seiten Tabellenanhang – brosch. – 18,20 DM

8 **Franz Buggle · Heutige deutsche Universitätsstudenten**
1965 – 116 Seiten – brosch. 15, – DM

9 **Ekkehard Othmer · Persönlichkeit und Schlafverhalten**
1965 – X, 130 Seiten – brosch. 18,40 DM

10 **Josef Schwermer · Die experimentelle Willenspsychologie Kurt Lewins**
1966 – 124 Seiten – brosch. 16,50 DM

11 **Peter Orlik · Kritische Untersuchungen zur Begabtenförderung**
1967 – VIII, 148 Seiten – brosch. 19,70 DM

12 **Karl Heinz Seifert · Grundformen und theoretische Perspektiven psychologischer Kompensation**
1969 – X, 376 Seiten – brosch. 50,20 DM

VERLAG ANTON HAIN · 6554 MEISENHEIM